本书出版受国家社会科学基金项目“以服务业提升滇桂黔石漠化片区扶贫产业效率的研究”（18XMZ073）、广西社会科学基金重点项目“老少边穷地区乡村振兴核心经济载体研究”（17AZT14）资助

生态约束、产业结构与绿色增长

基于欠发达地区的研究

俞达佳 著

ECOLOGICAL CONSTRAINT,
INDUSTRIAL STRUCTURE
AND GREEN GROWTH

BASED ON
THE LESS-DEVELOPED
AREAS

社会科学文献出版社
SOCIAL SCIENCES ACADEMIC PRESS (CHINA)

前　言

绿色增长的核心是以尽可能少的资源和环境代价实现尽可能多的经济增长，即绿色全要素生产率的提升。本书研究了欠发达地区生态约束、产业结构和绿色增长之间的内在关系，主要内容如下。

第一，在充分调研本领域文献的基础上，给出生态约束、绿色增长、产业结构合理化和产业结构高级化的概念与测度方法。基于2000~2019年国家统计局公布的官方数据[①]，本书对我国7个欠发达省区的生态约束水平、绿色增长水平、产业结构合理化水平和产业结构高级化水平进行评估，给出评估结果的可视化展示。

第二，对生态约束、产业结构和绿色增长三者之间的双向因果关系进行实证分析。通过建立面板向量自回归（PVAR）模型，运用稳健性检验、格兰杰因果关系检验、脉冲响应函数和方差分解来分析欠发达省区生态约束、产业结构和绿色增长之间的动态关系。研究结果发现，①生态约束与绿色增长之间存在双向因果关系。②生态约束对产业结构高级化和产业结构合理化有显著的负向影响：生态约束对产业结构高级化的负向作用前4期相对比较平稳，之后逐渐减弱；生态约束对产业结构合理化有相对比较平稳的负向作用。③产业结构高级化对绿色增长有显著的促进作用，但欠发达地区产业结构转型升级的作用还需增强，以进一步激发“结构红利”，促进绿色增长水平的提升。

---

① 2020年由于新冠疫情影响，资料数据异常，暂不列入本书统计分析范畴。

第三，从绿色增长的角度对生态约束、产业结构和绿色增长三者之间的关系进行实证分析。①构建由资源、环境和绿色增长三个要素组成的集合，给出了绿色增长的优化目标和优化方法。②提出从空间效应的角度探讨生态约束与绿色增长的关系。③运用空间计量模型对生态约束与绿色增长之间是否存在“U 形”曲线关系进行验证。研究结果发现欠发达地区存在以下经济规律：一是生态约束与绿色增长之间呈“U 形”曲线关系；二是生态约束对绿色增长存在空间溢出效应；三是产业结构优化、城镇化率等因素对绿色增长均存在显著的影响。

第四，基于中介效应模型方法，研究产业结构在生态约束传导机制中的作用。研究结果发现，①生态约束对欠发达地区产业结构高级化有促进作用，但抑制了产业结构合理化。②根据中介效应模型结果，生态约束与绿色增长之间呈“U 形”曲线关系。③在生态约束影响绿色增长的过程中，产业结构高级化和产业结构合理化发挥中介效应，证实了产业结构是生态约束影响绿色增长的传导中介。

第五，研究欠发达地区生态约束与绿色增长之间的关系曲线体现为“U 形”左侧部分的原因。①分别利用普通 OLS、空间效应模型进行“挤出效应”分析，发现生态约束分别挤出了产业结构合理化、人力资本、技术创新强度、制造业发展、金融发展水平和制度质量等因素。②基于门限效应模型探究形成“U 形”曲线拐点的原因，发现金融发展水平、人力资本、城镇化率、制度质量和制造业发展等因素是造成生态约束与绿色增长之间呈非线性关系的原因。上述因素均存在一个阈值，当低于或高于等于阈值时，生态约束对绿色增长的影响基本显著为负；当系数发生变化时，将形成“U 形”曲线左侧的拐点。

第六，建立由自回归移动平均（ARMA）模型、向量自回归（VAR）模型和向量误差修正（VEC）模型组成的综合集成预测模型。通过对未来几年的生态约束和绿色增长指标进行预测，本书提出了基于资源承载力的产业可持续发展对策建议：①针对欠发达地区三次产业评估其资源承载力情况；②结合欠发达地区三次产业的发展程度，拟出四个阶段的调整策略；③按照欠发达地区的产业发展特点，提出五项绿色可持续发展的对策建议。

目 录

第一章 绪论

第一节 研究意义

欠发达地区脱贫后，产业发展面临生态约束的特殊性及绿色增长的现实性，但国内学界对于发达地区和一般地区的相关研究较多，对欠发达地区生态约束、产业结构、绿色增长三者均衡发展的研究尚少。本书从经济转型的角度对欠发达地区生态约束与绿色增长之间存在“U形”曲线关系进行验证，并将产业结构纳入生态约束传导机制进行研究，探究欠发达地区“U形”曲线拐点形成的原因，不仅为生态约束对经济增长的作用机制提供了理论补充，同时还为欠发达地区通过产业结构优化促进经济的可持续发展提供现实指导，具有一定的理论意义和现实意义。

（一）理论意义

第一，生态约束对绿色增长的影响。从经济转型视角研究了欠发达地区生态约束与绿色增长的关系，提出不同于全国及发达地区的“倒U形”关系，欠发达地区生态约束与绿色增长之间的关系曲线体现为“U形”的左侧部分，有助于进一步丰富生态约束对绿色增长影响方面的相关理论。

第二，对产业结构中介在绿色增长过程中的传导机制进行探索。通过对欠发达地区生态约束与绿色增长之间的关系曲线体现为“U

形”左侧部分的成因进行理论上的探讨，提出在生态约束影响绿色增长的过程中，产业结构起到中介传导的作用，有助于丰富产业结构传导机制相关理论研究。

第三，研究基于不同产业生态承载力的产业结构优化路径。通过研究和构建生态（资源和环境）约束的条件下欠发达地区生态承载力模型，提出基于三次产业生态承载力的产业结构优化路径，是对现有产业结构优化策略的有益补充。

（二）现实意义

第一，为欠发达地区产业结构优化提供决策依据。在生态（资源和环境）约束的条件下，欠发达地区的经济发展必须围绕绿色增长，产业结构优化是经济增长的本质要求，欠发达地区的绿色增长同样要关注产业结构优化的问题。基于欠发达地区生态（资源和环境）条件的约束，通过构建绿色增长、产业结构优化指标体系，为产业结构合理化、产业结构高级化等相关指标提供测度依据，为欠发达地区产业结构优化提供决策参考。

第二，从能源-经济-环境的互动关系中获取产业结构调整的启发。能源与环境分别是绿色增长的投入和产出要素，研究欠发达地区生态约束、产业结构与绿色增长的关系，必须关注能源-经济-环境系统的互动关系，对三者关系的研究有助于我们在实践中探索生态（资源和环境）约束下产业结构调整的切入点，具有积极的现实意义。

第三，提供欠发达地区绿色增长与产业结构优化之间关系设计和选择的基础。基于欠发达地区生态约束与绿色增长的关系曲线进行再验证，提出并检验生态约束的传导机制，在这一过程中发现产业结构的传导作用，进一步进行挤出效应、时间异质性检验，并通过门限检验分析环境库兹涅茨曲线拐点形成的原因。研究结论对欠发达地区决策部门引导区域绿色增长与产业结构优化之间相互作用、相互影响的路径设计和机制选择有借鉴意义。

第二节　相关概念及研究界定

一　生态约束的概念及内涵

生态约束是一个宽泛而系统的概念，学术界缺乏统一的衡量标准。本书后续将“生态约束”定义为对资源耗用和环境影响的一种限制性条件。

（一）包含以自然生态系统承载力为主的对经济发展的生态约束

资源和环境分别是经济增长投入和产出过程中的重要因素，生态约束主要指自然资源禀赋和生态环境变化对经济增长的影响。生态约束缺乏明确和统一的定义，也缺乏科学的分类。1992 年，企业可持续发展委员会（BCSD）提出，人类的社会生产和生活受到自然资源和生态环境的影响，这是生态约束最早的定义。在生产力不发达的初级阶段（如脱贫阶段），自然生态系统承载力对经济发展的生态约束往往占主导地位。

（二）包含以环境规制或技术投入为主的对经济发展的生态约束

在工业化阶段，我国较为常见的生态约束定义为：在人类的生产经济活动中，应在现有生态系统承载力范围内，综合运用生态经济学原理和系统工程的方法，改进社会生产与消费方式，使自然生态系统对人类生活环境和生产条件产生较优的影响效应。此时，生态约束提出的目的是通过一种评价衡量标准，提高人们对自然规律以及对生态和经济协调发展规律的认识，要求人们在社会的经济发展中保护、合理开发自然资源和生态环境，避免在经济活动中造成对自然环境的破坏和对自然资源的过度利用。在可持续发展目标下，生态约束强调改进生产技术和方式，减少对自然资源的耗用，减轻对生态环境的影响。当生产力发展到一定阶段时，环境规制或技术条件下的生态约束占比将越来越大。近年来国家在环境规制方面提出了更加具体的要求，比如碳排放的约束、“碳中和”的目标、能源消耗强度的限制等。国家的“十二五”规划明确提出，要合理控制能源消费总量，大幅度降低能源消耗强度和二氧化碳排放强度，有效控制温室气体排放。此后，国家发改委制定并出台了《完善能源消耗强度和总量双控制度方案》。

（三）本书研究以环境规制及技术投入的生态约束为主

本书研究假设欠发达地区进入乡村振兴的发展阶段，将上述两类生态约束的内涵综合考虑，认定两类生态约束同时存在，但以研究第二类生态约束为主。

二 产业结构的概念及内涵

产业结构优化是实现各产业协调发展，促进产业结构合理化升级的过程。它遵循产业结构演进规律，通过技术进步和产业调整，使产业结构的整体质量和效率向更高水平演进。

（一）产业结构的概念

产业结构是指国民经济中产业的构成及其相互关系。产业结构的概念始于20世纪50年代，日本制定经济发展战略时用产业结构来概括产业之间的关系。一般将产业结构理论分为狭义和广义两种。狭义的产业结构包括构成产业总体的产业类型、产业组合方式、各产业的技术基础和发展程度、各产业间的经济技术联系以及在国民经济中的地位和作用。广义的产业结构还包括产业之间在数量比例上的关系和空间分布结构（简新华、杨艳琳，2009）。

（二）产业结构的影响因素

经济发展的实践证明，产业结构会被影响和决定经济增长的因素所影响，从而产生变动。这些因素主要包括三大类。①需求因素。其中包括消费需求和投资需求，消费需求的总量和结构变化对产业结构产生影响，投资需求的总量、类型和结构变化影响产业结构。②供给因素。资源、资金、技术和人力是供给的主要因素，均对产业结构产生影响。③环境因素。环境因素包括生态环境、政策环境、投资环境、社会环境等。

（三）产业结构优化的内涵

产业结构优化是一个动态变化的概念，也是一国或地区产业经济发展水平提升的重要表现，它是产业结构理论中的一个基本内容。产业结构优化对外体现为产业主体的性质、特征或规模发生了变动，对内表现为产业主体的构成出现了调整变化。产业结构发生变动和调整，不一定说明产业结构在优化。对于产业结构是否产生了优化的判定标准，基于经济学理论主要有两个基础性条件。第一，基于经济学产业转移理论，即随着生产力提升和经济增长，产业发展的重点是否从低层次向高层次转移；第二，基于经济学效率理论，即根据效率优先的原则，产业结构变化是否会带来生产效率、附加价值、市场竞争力的提高。此外，产业结构的优化还需要评估对社会、就业、资源、环境等因素的影响。

经过对已有文献的梳理，本书发现已有研究主要将产业结构优化的内容归结为产业结构高级化和产业结构合理化两个方面。①产业结构高级化（或称产业结构升级）是基于纵向变化的角度，即产业结构从较低水平向较高水平的转换过程，产业结构向着技术结构水平更高和内部综合生产率水平更高的方向演化，其主要标志是发展高新产业。②产业结构合理化是基于横向变化的角度，在现有的技术和资源条件下，产业之间、部门之间、供求之间趋于均衡的状态，实现产业规模、增长速度和产业关联性的协调，强调的是生产要素的合理化配置并能产生良好经济效益的过程。

产业结构优化是一个不断变化的过程，它推动着产业结构向合理化、高级化目标发展。在不同的时代和发展阶段，产业结构优化的内容也不尽相同，这是一个产业结构逐步合理化和高级化的过程。但产业结构优化的基本目标没有改变，即优化配置一个国家或地区的投入要素资源，实现国民经济效益最大化，协调国民经济供求结构，促进国民经济发展水平持续快速提高。

三　绿色增长的概念及内涵

绿色增长包括绿色经济和经济增长的含义，指尽可能在环境损害与生态资源损耗最小化的基础上，提高能效，提高社会产出水平，促进经济、社会和生态的协调可持续发展。其内涵主要在经济、社会和生态这一复杂的系统中进行解释。

绿色增长是建立在可持续发展的理论之上，结合自然生态保护、循环经济、清洁生产、产业生态化等一系列新理念的提出而逐步形成的。随着社会经济的发展，自然资源的过度开采和生态环境的破坏成为人类社会发展面临的重要问题，全球的经济学家和社会学家不断反思，提出了与绿色增长相关的概念和理论，如绿色发展、绿色经济、绿色增长等。1989 年，英国经济学家皮尔斯在《绿色经济蓝皮书》中将绿色经济解释为“能够实现可持续发展的一种经济形式”。1996 年，皮尔斯和沃福德在《世界无末日：经济学、环境与可持续发展》一书中表达的可持续发展的定义为，发展不仅要保证当代人的福利增加，更要保证后代人的福利不减少。2005 年，联合国亚太经社会（UNESCAP）的环境与发展问题部长级会议中，正式将绿色增长定义为一种低碳且可持续发展的模式，强调经济增长的生态效率、资源环境与经济发展的协调共赢。更权威的是 2011 年经济合作与发展组织（OECD）对绿色增长的定义，也就是在促进社会经济发展的同时，确保自然资产能不断为增进人类福祉提供必要的环境和资源服务，即实现了绿色增长。2011 年，联合国环境规划署（UNEP）将绿色增长定义为一种兼顾增进人类福祉和保证社会公平、减少环境污染、降低环境风险和保护稀缺的生态资源的发展模式。2012 年，在联合国可持续发展大会上，“绿色经济”引发各国的广泛关注。

绿色发展的理念得到了越来越多国家和地区的重视，并成为全世界的共识。从我国来看，1997 年党的十五大把可持续发展战略第一次确定为我国“现代化建设中必须实施”的战略。可持续发展主要包括社会可持续发展、生态可持续发展、经济可持续发展。党的十九大报告指出，我们要建设的现代化是人与自然和谐共生的现代化，既要创造更多物质财富和精神财富以满足人民日益增长的美好生活需要，也要提供更多优质生态产品以满足人民日益增长的优美生态环境需要。绿色经济、循环经济、低碳经济均是绿色经济发展的模式，而绿色增长是绿色经济发展的目标。学者们对绿色增长的内涵有不同的诠释和理解，学术界尚未形成一致的标准和权威定义。表 1-1 总结了国内外研究学者在绿色增长的内涵这一研究领域的部分研究成果。

表 1-1　绿色增长的内涵

内涵	来源
更加重视生态，统筹协调三个系统（经济系统、社会系统及自然系统）之间有序发展的过程	钱易（2020）
立足于具体的时空环境下，经济、社会、生态三个子系统之间动态反馈、相互作用、相互推进的发展模式	王宇奇和万文天（2020）
确保在经济发展中构建对环境风险和生态损害都尽可能小的可持续发展	D’Amato 等（2017）
将构建绿色化制度体系促进可持续发展与经济刺激计划有机结合的发展理念	Wang 等（2018）

续表

内涵	来源
增进人类福祉和保证社会公平，同时又能减少环境污染、降低环境风险和保护稀缺的生态资源的发展模式	UNEP(2011)
绿色经济是一种低碳、高效和社会包容的发展模式，旨在实现环境保护与缓解贫困的融合和协调发展	Barbier(2011)
确保自然资产提供人类福祉增进所需环境和资源服务的经济增长	OECD(2011)
以经济增长与环境影响的脱钩为关键的经济发展模式	中国科学院可持续发展战略研究组(2010)
一种低碳且可持续发展的模式；强调各国应着力转变经济增长和消费方式，提高经济增长的生态效率，实现环境与经济的协调发展	UNESCAP(2005)
一种可持续发展模式，关键之处在于实现经济发展与生态环境保护相协调	联合国开发计划署(2002)

从上述观点可以看出，尽管国内外研究学者对绿色增长的定义描述并不相同，但其核心要义是一致的，基本围绕“一种低能耗、低排放，可持续发展的经济增长模式”进行定义。

四　“U形”曲线的概念及内涵

经济学常用“U形”曲线描述经济增长与环境污染的关系。美国知名经济学家Grossman和Krueger（1995）最早提出“倒U形”曲线假说，又称环境库兹涅茨曲线（Environment Kuznets Curve，EKC）。由于其图形是一条先向上弯曲后向下弯曲的曲线，形似颠倒过来的“U”，故称之为“倒U形”曲线。

五　研究界定

本书主要研究生态约束和产业结构对绿色增长的影响，从投入产出的角度，把自然资源和环境影响因素分别纳入经济增长的投入和产出过程中，建立绿色全要素生产率指标进行衡量和分析。其中绿色全要素生产率指标是因变量，自然资源和环境影响因素是自变量。

研究生态约束与绿色增长之间关系的方法很多，本书将主要从生态经济学和计量经济学的角度来展开研究。所涉及的经济学理论主要包括“资源诅咒”、“波特假说”、“结构红利假说”、“环境库兹涅茨曲线”、“柯布-道格拉斯生产函数”、传导机制理论模型、空间效应模型、中介效应模型等。所涉及的统计学内容包括描述性统计、相关性分析、方差分解、线性回归模型和联立方程等主要使用 Stata 软件处理。

生态约束的范畴十分宽泛，在许多文献中以能源消耗强度作为生态约束的核心表征，本书将采纳这种方法。产业结构优化的范畴也比较宽泛，本书主要采用产业结构高级化和产业结构合理化这两个核心表征。

为验证研究的正确性，本书选取了部分欠发达地区作为实证研究的对象，欠发达地区选择了西部地区中国家级贫困县较为集中的贵州、甘肃、云南、内蒙古、陕西、四川和广西 7 个省区，时间段选定为 2000~2019 年。

第三节 研究思路、框架与主要研究内容

一 研究思路

本书首先基于生态约束、产业结构和绿色增长的研究脉络、前沿和热点及既有文献综述，深入分析三者的研究现状和研究意义，探究资源和环境约束与绿色增长的关系，对“U 形”曲线进行验证；理论分析生态约束的传导机制，提出产业结构是生态约

束的传导中介，并对产业结构的传导机制进行验证；借鉴其他欠发达地区在生态约束下产业结构优化和绿色增长遇到的问题，提出相应的对策建议。

二 研究框架

按照上述研究思路，本书研究框架分为三个层次：第一层次进行理论和研究模型准备；第二层次对生态约束、产业结构、绿色增长的4种不同关系和传导机制进行实证分析；第三层次归纳适宜绿色增长的路径。研究的技术路线如图1-1所示。

三 主要研究内容

如图1-1所示，内容二属于实证准备部分，内容三至六是实证的核心部分。研究有三个层次：第一层次进行理论和研究模型准备，主要包括生态约束、产业结构和绿色增长的相关理论综述、研究进展、概念和测度方法，以及对欠发达的7个省区的定量评价和数据可视化展示；第二层次对生态约束、产业结构、绿色增长的4种不同关系和传导机制进行实证分析；第三层次从研究的结论中归纳出适宜绿色增长的路径及提出相关对策建议。其中核心的研究内容集中在第二层次。

（一）生态约束、产业结构、绿色增长三者之间动态因果关系的研究

研究1：理论上，分析“波特假说”“结构红利假说”是否成立。

研究2：实践上，通过建立面板向量自回归模型，运用稳健性检验、格兰杰因果关系检验、脉冲响应函数和方差分解来分析欠发达地区生态约束、产业结构和绿色增长之间的动态关系。

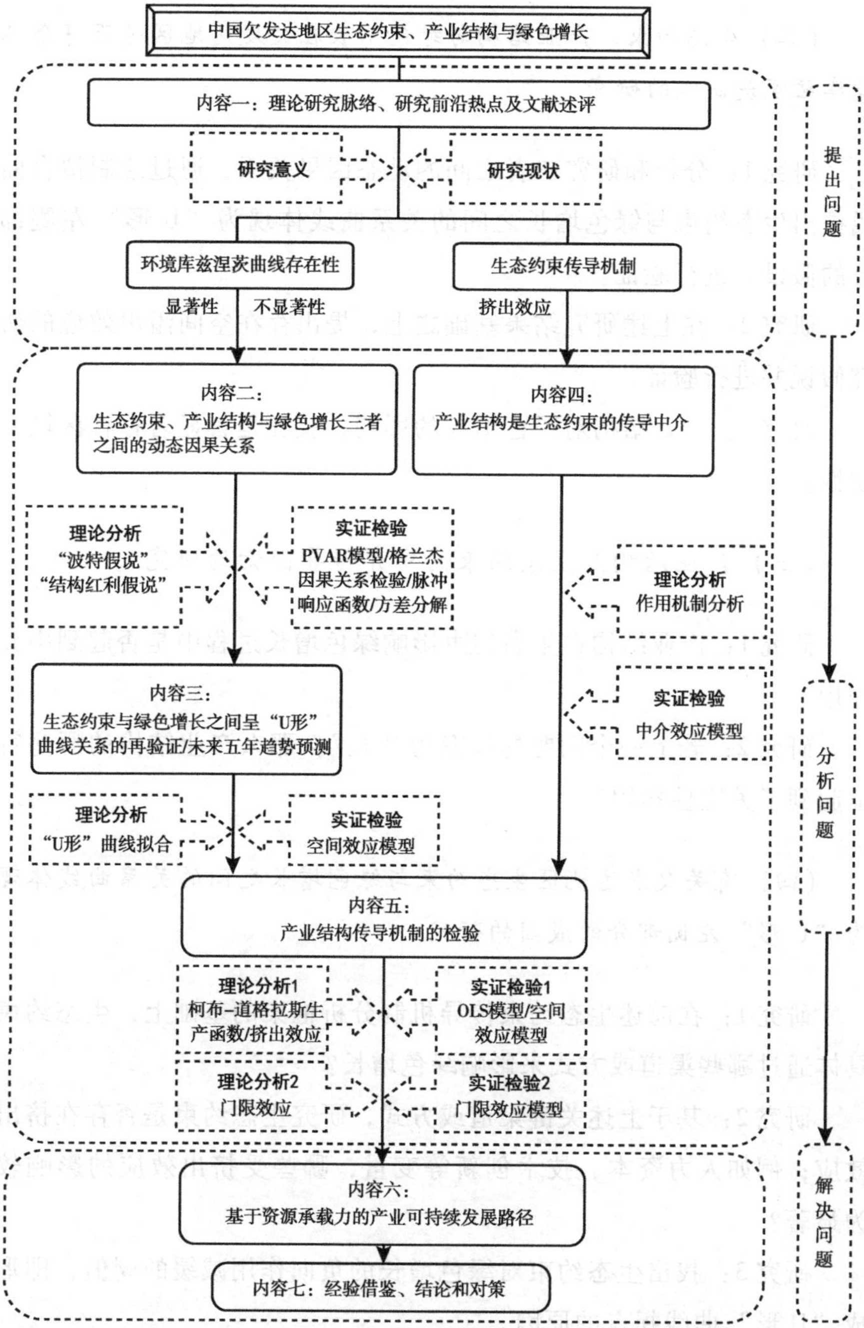
中国欠发达地区生态约束、产业结构与绿色增长
内容一：理论研究脉络、研究前沿热点及文献述评
研究意义
研究现状
环境库兹涅茨曲线存在性
生态约束传导机制
显著性
不显著性
挤出效应
内容二：
生态约束、产业结构与绿色增长三者之间的动态因果关系
内容四：
产业结构是生态约束的传导中介
理论分析
“波特假说”
“结构红利假说”
实证检验
PVAR模型/格兰杰因果关系检验/脉冲响应函数/方差分解
理论分析
作用机制分析
实证检验
中介效应模型
内容三：
生态约束与绿色增长之间呈“U形”曲线关系的再验证/未来五年趋势预测
理论分析
“U形”曲线拟合
实证检验
空间效应模型
内容五：
产业结构传导机制的检验
理论分析1
柯布-道格拉斯生产函数/挤出效应
实证检验1
OLS模型/空间效应模型
理论分析2
门限效应
实证检验2
门限效应模型
内容六：
基于资源承载力的产业可持续发展路径
内容七：经验借鉴、结论和对策
提出问题
分析问题
解决问题

图 1-1 技术路线

（二）生态约束、产业结构与绿色增长在欠发达地区是否符合环境库兹涅茨曲线的研究

研究1：分析和研究三者之间的动态因果关系，通过绘制拟合曲线提出生态约束与绿色增长之间的关系曲线体现为“U形”左侧部分的假设并进行验证。

研究2：在上述研究结果基础之上，提出存在空间溢出效应的研究假说并进行验证。

研究3：产业结构对绿色增长的影响，验证是否显著存在区域异质性。

（三）产业结构是生态约束的中介传导因素的研究

研究1：产业结构在生态约束影响绿色增长过程中是否起到中介作用?

研究2：若上一个问题的答案为“是”，那么产业结构的哪些特征起到了关键性作用?

（四）有关欠发达地区生态约束与绿色增长之间的关系曲线体现为“U形”左侧部分的成因的研究

研究1：在前述生态约束传导机制分析框架的基础上，生态约束具体通过哪些渠道或方式来影响绿色增长?

研究2：基于上述关键渠道或方式，研究生态约束是否存在挤出效应；例如人力资本、技术创新等变量，哪些受挤出效应的影响较为显著?

研究3：找出生态约束对绿色增长的负向作用减缓的阈值，即形成“U形”曲线拐点的原因。

第二章　理论基础及相关文献综述

古典经济学和新古典经济学理论基于完全竞争的均衡前提，认为影响经济增长的因素有资本、劳动力、技术进步等。但结构经济学理论认为，非均衡是常态，产业结构在经济增长过程中发挥重要作用。当今时代，全球经济面临绿色增长的诉求，欠发达地区的生态（资源和环境）约束与绿色增长之间是否存在"U形"曲线关系，在生态约束对绿色增长影响的过程中，产业结构起到何种作用？本章将对相关理论及文献进行梳理，探索三者之间的关系，为后续章节的评价、作用机理分析与路径探索奠定基础。

第一节　生态约束的理论演进与相关文献综述

一　早期经济增长理论中对资源和环境因素的认识

古典经济学派最早提出了土地资源对经济增长的影响作用。亚当·斯密（Adam Smith，1972）提出国家只有通过对外贸易才能打破封闭社会中民众财富受自然资源等限制这一困境，即社会分工的基础是资源禀赋，这又被称为绝对成本理论。威廉·配第（William Petty，1978）则认为土地是国民财富增长的重要因素。配第的观点让我们意识到国民财富增长受到自然资源的制约。大卫·李嘉图（David Ricardo，1962）提出土地资源相对稀缺性的观点。他认为作为农业生产基础的土地资源是稀缺的且不同地区的质量有所差异，受边际报酬递减规律的影响，农业生产的收益随之下降，因此，土地对经济增长起到限制作用。只有通过技术进步和对外贸易才能缓解这种限制性的影响。他的观点最早提出了自然资源对经济增长产生约束作用。赫克歇尔和俄林提出要素禀赋理论，认为资源影响地区的产业分工和经济结构的形成。马尔萨斯（Malthus，1992）认为，由于可耕种的土地有限和边际收益递减的规律，人口的增长并不能同步促进经济增长。古典经济学家们关注到了土地资源对经济增长的重要影响，这里的土地是指生产所需的各种自然资源，包括土地、水源、森林、草场等，在古典国际贸易理论中明确指出资源禀赋决定国际分工。

新古典经济学和新经济增长理论弱化了自然资源对经济增长的影响。以索罗（Solow）、斯旺（Swan）等为代表的新古典经济学家认为经济之所以持续增长是技术进步的原因。新经济增长理论认为知识进步、人力资本和技术创新是经济增长的原因，在这种情况下，稀缺的自然资源并无很强的约束作用。著名的哈罗德-多马模型中，投入要素只列入资本、技术和劳动力（李嘉图，1962），他们认为自然资源并非增长模型中的关键变量，而是可以被资源和劳动要素所替代的一个生产要素，随着技术进步，自然资源对经济增长的边际效应减弱。在这种情况下，新古典经济学家忽视了自然资源的作用，更多关注的是资源配置的问题，并没有将自然资源视为经济增长的重要约束因素。这个时期，日本等资源匮乏国家的经济出现了高速增长，而非洲部分资源丰裕国家的经济发展滞后，这种现象使得新古典经济学家认为自然资源并不会使经济增长，在某些情况下反而不利于经济的增长，从而出现发展经济学中的著名命题“资源诅咒”（Curse of Resource）。Auty（1993）第一次提出“资源诅咒”的概念，认为“对于某些国家，丰裕的自然资源并不是经济增长的有利条件，反而是一种约束条件”。Sachs 和 Warner（2001）提出类似的观点，认为丰富的自然资源往往导致经济发展缓慢。

梅多斯（Meadows）最早提出，人口、粮食、资本、环境和资源这些因素对经济增长的影响程度较大，即增长极限理论。该理论明确指出经济增长的主要条件是自然资源和生态环境。

绿色增长理论，包括绿色经济、循环经济、低碳经济等理论范畴，认为经济发展应建立在生态资源损耗与环境损害最小化的基础上，通过降低能耗、提高能效、循环利用等提高资源利用率，减少对自然环境的破坏，实现经济增长的可持续性。

不同经济增长理论中对资源和环境因素的认识见表2-1。

表2-1　经济增长理论中对资源和环境因素的认识

经济增长理论	资源、环境与经济增长的关系	代表人物
古典经济学	自然资源影响经济增长，资源禀赋成为国际分工的基础	配第（1978）
重农学派	自然资源对经济增长影响较大	坎蒂隆（1986）
新古典经济学	资本、劳动力和技术等可以替代自然资源对经济增长的影响	Solow（1987）
内生增长理论	人力资本是经济增长的决定因素，后人将自然资源纳入内生经济增长模型	Lucas（1988）、Romer（1986）
增长极限理论	资源极限限制经济的增长	Meadows（1972）
绿色增长理论	应通过提高资源利用率和减少对自然环境的破坏来促进经济增长	Mourgeon（2001）

二　关于生态约束的相关研究

学术界对于生态约束的定性和定量研究并不丰富，近年来相关文献主要集中于生态约束下的经济增长模式、效率、质量、源泉研究（查建平、李志勇，2017；徐小鹰、陈宓，2021；文书洋等，2022；余利丰，2019），如生态约束下的产业转型发展和产业生态效率研究（杜朝晖，2017；杨红瑞，2021）；生态约束下的农业、土地、水资源全要素生产率的提升（李华旭、杨锦琦，2020；姬志恒、张鹏，2020；李静、任继达，2018）；生态约束下的生态效率（马晓君等，2018；胡卫卫等，2018）；生态约束下的科技创新增长（严翔等，2018；梁林等，2019）。

第二节　产业结构的理论演进与相关文献综述

本节将基于知识图谱（Knowledge Graph）的应用，深度挖掘国内外关于产业结构优化领域的前沿和热点，为后续写作提供理论借鉴和支持。

一　产业结构研究前沿和热点评述

（一）研究方法和数据收集

运用美籍华人陈超美博士研发的 CiteSpace 软件，该软件基于知识图谱原理，用于挖掘产业结构优化相关理论的前沿和热点。具体分析过程如下，首先对既有文献的主题、标题、摘要等，即除了正文之外的内容进行分析；然后对文献进行量化处理和数据分析；最后实现文献信息的可视化。

收集国内外文献，为后续数据分析准备数据源。首先，收集国外文献数据，查找发表于 2000～2020 年的以产业结构优化为关键词的文献，基于权威学术文献数据库 Web of Science，查找得到 187 篇社会科学引文索引论文，下载论文的标题和摘要等数据，将得到的数据转换为可被软件处理的数据格式。其次，收集国内文献数据，查找发表于 2000～2020 年的以产业结构优化为关键词的文献，基于国内权威数据库知网，查找得到 3373 篇期刊论文，下载论文的标题和摘要等数据，导出引文格式为“RefWorks”，另存格式为“纯文本”。最后，利用数据转换软件，将收集所得文献数据转换为符合 CiteSpace 软件输入数据的格式。

基于收集所得数据，以折线图形式展示国内外产业结构优化相关论文随时间推进数量变化的趋势，时间跨度为2000~2020年，如图2-1所示。可以看出，21年里，国外产业结构优化相关的论文数量相对比较稳定；而国内关于产业结构优化的文献在2000~2005年的6年里相对比较稳定，但自2006年开始论文数量出现了激增，于2013年达到峰值后略有回落，但仍维持较高水平的刊发数量，说明自2006年开始关于产业结构优化的主题一直是国内学者关注的热点。

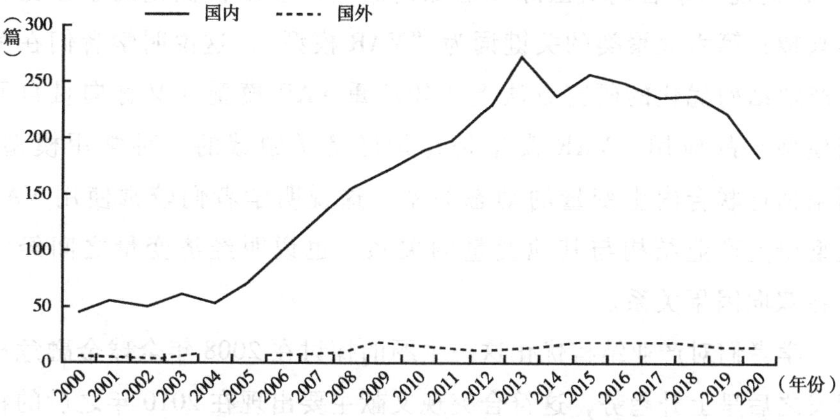

图2-1　2000~2020年产业结构优化国内外文献分布

（二）产业结构优化研究前沿和热点评述

对收集的国内外有关产业结构优化的文献数据进行挖掘。本书利用CiteSpace软件对共同引用文献进行聚类分析，分析结果以时间线视图形式呈现。[①]

根据聚类分布图可知，聚类中心点较为分散，主题不够明确，说明国内外关于产业结构优化的研究方向有较大的差异性，可能的原因是产业结构优化虽然是研究热点，但不同的学者研究的视角有

① 受篇幅所限，正文未展示聚类分布图，如需要可向笔者索取。

差异，甚至对产业结构优化方面存在一定的争议，学界尚未形成统一的关于产业结构优化的研究范式。具体到每个聚类中心来看，第一、第二、第四大聚类的关键词分别为“产业结构优化”、“优化”和“产业结构调整”，这说明在2005～2020年研究者们对于产业结构优化的研究重点还停留在其本身；第三大聚类的关键词为“产业结构高级化”，这说明学者们开始关注产业结构优化过程中如何实现高级化目标的研究；第五大聚类的关键词为“对外贸易”，这说明学者们对国际贸易如何影响产业结构优化的主题比较感兴趣；第六大聚类的关键词为“VAR模型”，这说明学者们在关于产业结构优化的研究方法上比较注重VAR模型（又称向量自回归模型）的应用。VAR模型是计量经济学领域的一种常用模型，用来估计联合内生变量的动态关系，这说明学者们较常使用VAR模型研究产业结构与其他变量的关系，也说明经济变量之间经常存在双向因果关系。

学者们对产业结构优化这一主题的探讨在2008年全球金融危机爆发之后呈上升趋势，这符合突现文献主要出现在2010年之后的特征。但是，使用LLR算法得到的聚类标题并不一定是当前时期的热点，需要结合共同引用文献来进一步分析。基于以上方法，本书对2005～2020年产业结构优化研究热点进行分析挖掘，得出共有29个突现关键词，如表2-2所示。

在表2-2中，粗柱子代表关键词突现，细柱子表明关键词在该年份成为该领域的研究热点。从表2-2中热点集中分布的情况来看，2005～2009年主要集中在面板数据模型、环境规制、后疫情时代等，2010～2016年关注热点开始出现循环经济、低碳经济、产业结构调整等。选择发表时间较近并且引用数连续3年及以上都在增长的文献，其主题分别是新常态、供给侧改革、科技创新、财政政策、技术创新、京津冀、绿色信贷、产业结构合理化、产业结构高级化、区域差异等。这些关键词可视为近期关于产业结构优化的研究前沿。

表 2-2 产业结构优化文献被引突现关键词

关键词	突现强度	突现起始年份	突现结束年份	2005~2020 年
面板数据模型	6.6457	2005	2009	
环境规制	12.9177	2005	2009	
资源配置	8.7872	2005	2010	
资源错配	6.8299	2005	2009	
后疫情时代	6.8299	2005	2009	
城市化	4.0270	2010	2011	
国际产业转移	3.1447	2010	2013	
优化	4.2336	2010	2012	
主导产业	4.0093	2010	2012	
循环经济	5.9488	2010	2013	
新疆	3.5101	2011	2014	
低碳经济	7.0557	2011	2013	
产业结构调整	3.0407	2012	2014	
实证分析	2.9628	2012	2015	
对外贸易	3.1699	2015	2016	
新常态	4.7564	2015	2020	
金融集聚	3.9783	2016	2018	
供给侧改革	3.8710	2016	2020	
产业集聚	2.8945	2016	2018	
科技创新	3.0717	2017	2020	
供给侧结构性改革	6.9838	2017	2020	
财政政策	3.0567	2017	2020	
技术创新	5.0638	2017	2020	
京津冀	3.3865	2017	2020	
绿色信贷	4.8355	2018	2020	
产业结构合理化	4.3634	2018	2020	
绿色金融	6.6010	2018	2020	
产业结构高级化	5.2946	2018	2020	
区域差异	3.5138	2018	2020	

二 产业结构理论与相关文献综述

随时代演变，经济学家研究产业结构演进趋势的侧重点也不同。

配第-克拉克定理研究了经济增长和产业结构变迁之间的关系、库兹涅茨的现代经济增长理论研究了劳动力资源和国民收入在不同产业间变化的规律、霍夫曼的工业化阶段理论研究了轻重工业之间的比例关系、钱纳里的经济发展阶段理论研究了不同经济发展阶段结果变化的标准模式等。国内外对产业结构演进问题的研究主要分为以下几类。

第一，配第-克拉克定理。英国古典经济学创始人威廉·配第（1623~1687年）的关于产业结构变化趋势理论指出，产业结构从以第一产业为主导向以第二产业为主导转变，劳动力也在不同的产业间流动。美国经济学家约翰·贝茨·克拉克（1847~1938年）统计若干国家数据并基于时间序列分析方法指出，随着社会经济进步，从事第一产业的劳动力将流向第二产业，进一步地，从事第二产业的劳动力将流向第三产业。英国经济学家科林·克拉克（1905~1989年）在《经济进步的条件》一书中提出，第一、第二和第三产业各自侧重点不同，分别以农业、制造业和其他经济活动为主。劳动力转移趋势受收入的影响，而不同产业的平均收入并不相同，这就是经济发展中的三个台阶。此论述在一定程度上补充了配第的著名理论，因而将二者联合称为“配第-克拉克定理”。具体内容：在劳动力数量不变的情况下，随着经济的不断发展，第一产业、第二产业和第三产业的就业比重将重新分配，从事第一产业的劳动力数量下降，流向其他产业的劳动力数量上升。

第二，库兹涅茨的现代经济增长理论。美国经济学家西蒙·史密斯·库兹涅茨（1901~1985年）继续研究了产业结构的演进趋势，发现了劳动力资源和国民收入在不同产业间变化的规律。现代经济增长过程中的产业结构变化具有以下特点：耐用消费品生产需求增加、生产资料的需求增加、各产业的雇佣率提高、附加值增加、采掘业比重下降。

第三，霍夫曼的工业化阶段理论。20世纪30年代，德国经济学家霍夫曼在《工业化的阶段和类型》一书中提出，随着经济的发展，工业化的演变趋势转向以重工业为主，消费资料的生产逐渐下降，而生产资料的生产逐渐增加。

第四，钱纳里的经济发展阶段理论。20 世纪 80 年代，钱纳里通过分析发达国家和发展中国家的经济数据，认为可以将一个国家的经济发展过程划分为初期、中期和后期三个阶段，每个阶段分别对应不发达经济、工业化前中后期和现代化经济。该理论使用农业结构转变、工业化、人口结构转变等概念对发展问题的各个方面进行研究。

经济学家分析得到不同的产业结构变化趋势。库兹涅茨研究产业结构变化规律侧重于分析国民收入和劳动力资源在三次产业中的变化。克拉克和库兹涅茨研究了第一、第二和第三产业发展规律，认为经济发展首先由第一产业主导，之后逐渐转向第二、第三产业。在克拉克、库兹涅茨和霍夫曼研究的基础上，经济学家们提出了主导产业的转型规律，认为产业结构的发展也是主导产业的转型过程。在总结上述产业结构发展规律的基础上，经济学家们提出了由低到高的产业结构发展规律：产业结构的发展可分为三个部分，即初级结构、中级结构和高级结构，以及产业结构的发展都是先低、后中、再高的水平。刘易斯（2015）在经典的二元经济模型中明确指出，结构调整是经济增长的重要源泉。希尔曼（1991）指出，为了经济更好地发展，一国的经济系统中应有一个主导产业部门，能够将不同产业联系起来以此促进产业发展。

自 20 世纪 90 年代以来，国内学者对传统产业结构发展理论进行了进一步的评述和研究。郭剑雄和曹昭义（2000）研究和探讨了钱纳里产业结构理论，发现了农业发展理论。韩永辉等（2017）研究发现，在不同地区制定产业政策有助于产业结构的升级，并且该区域的市场化程度越高，其促进作用就越明显。郭凯明等（2020）从基础设施投资结构正在转型的视角发展了结构转型和基础设施的理论研究。

以上研究只是在一般市场经济条件下对产业结构发展规律的总

结。对于本书来说，界定产业结构的概念和构建产业结构指标的研究更有意义。

第三节　绿色增长的理论演进与相关文献综述

一　绿色增长研究热点评述

（一）数据收集

收集国内外文献，为后续数据分析准备数据源。首先，收集国外文献数据，查找发表于2002~2020年的以绿色增长为关键词的文献，基于权威学术文献数据库Web of Science，查找得到符合条件的文献，下载论文的标题和摘要等数据，将得到的数据转换为可被软件处理的数据格式。然后，收集国内文献数据，查找发表于2002~2020年的以绿色增长为关键词的文献，基于国内权威数据库知网，查找得到符合条件的文献，下载论文的标题和摘要等数据，导出引文格式为“RefWorks”，另存格式为“纯文本”。国内外文献共查找得到101篇期刊论文 。最后，利用数据转换软件，将收集所得文献数据转换为符合CiteSpace软件输入数据的格式。

基于收集所得数据，以折线图形式展示国内外绿色增长相关论文随时间推进数量变化的趋势，时间跨度为2002~2020年，如图2-2所示。可以看出，国内外关于绿色增长的研究在2002~2011年的10年里处于相对低位阶段，2012~2020年整体处于显著增加的阶段，但总体来说研究文献数量相对偏少。

（二）绿色增长研究前沿和热点评述

对收集的国内外有关绿色增长的文献数据进行挖掘。本书利用

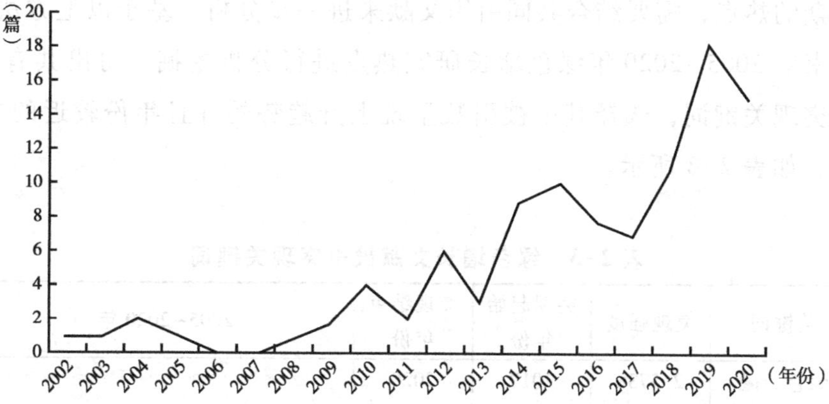

图 2-2 2002~2020 年绿色增长国内外文献分布

CiteSpace 软件对共同引用文献进行聚类分析，分析结果以时间线视图形式呈现。①

根据聚类分布图可知，第一大聚类的关键词为“经济增长”，这在一定程度上说明在 2004~2020 年学者们关于绿色增长主题的研究重点仍旧在经济增长上；第二大聚类的关键词为“产业结构升级”，这说明学者们重点关注在实现绿色增长的要求下产业应如何做好升级；第三大聚类的关键词为“第二产业”，这说明学者关于产业和绿色增长的研究样本以第二产业为主；第四大聚类的关键词为“生态文明”，这说明如何从生态文明的角度发展经济是学者们关注的焦点；第五大聚类的关键词为“国家高新区”，这说明学界在研究对象选择的时候注重对园区的研究；第六大聚类的关键词为“绿色全要素生产率”，这说明学者们已经把绿色全要素生产率引入绿色增长和产业结构优化中了。

学者们对绿色增长这一主题的探讨在 2011 年生态可持续发展问题备受关注后呈现上升趋势，这符合突现文献主要出现在 2011 年之后的特征。但是，使用 LLR 算法得到的聚类标题并不一定是当前

① 受篇幅所限，正文未展示聚类分布图，如需要可向笔者索取。

时期的热点，需要结合共同引用文献来进一步分析。基于以上方法，本书对 2005~2020 年绿色增长研究热点进行分析挖掘，得出共有 6 个突现关键词，选择其中被引数呈现上升趋势的并且年份较近的文献，如表 2-3 所示。

表 2-3　绿色增长文献被引突现关键词

关键词	突现强度	突现起始年份	突现结束年份	2005~2020 年
绿色金融	2.5738	2017	2020	
绿色增长	4.6601	2017	2020	

根据表 2-3，2005~2020 年被引突现的 2 个关键词分别是“绿色金融”和“绿色增长”，可视为近期关于绿色增长的研究前沿。

二　绿色增长理论与相关文献综述

（一）绿色增长理论发展历程

绿色增长的研究源于对传统经济发展模式的反思。1989 年，皮尔斯在《绿色经济蓝皮书》中指出，绿色经济是一种能够实现可持续发展的经济形式。从最早的绿色经济、绿色增长和可持续发展理论的提出到逐步形成系统性的理论体系历经了 30 多年的时间，其间众多的学者对绿色增长理论的概念和内涵进行了持续深入的研究，图 2-3 列举了 1989~2019 年关于绿色增长具有代表性的研究观点。

（二）绿色增长的相关理论框架

21 世纪，联合国的几项重要举措奠定了绿色增长的理论基础，其中具有代表性的是 2008 年联合国气候变化大会上提出的“绿色新政”理念，倡导各国在应对经济危机时，应制定可持续发展政策，

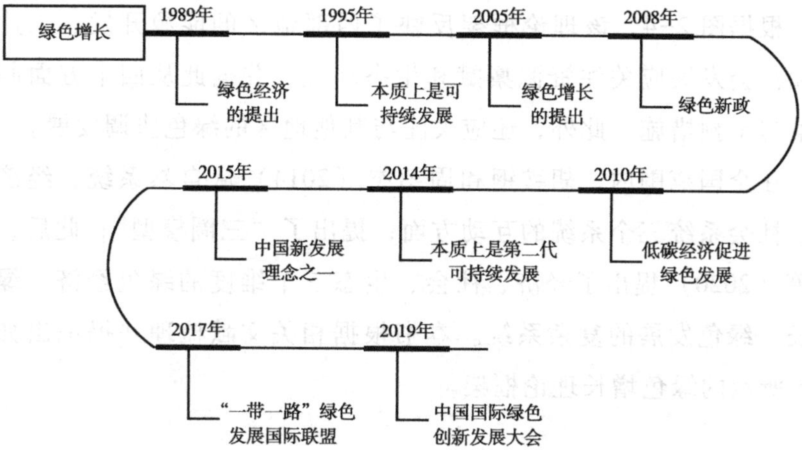

图 2-3　1989~2019 年绿色增长理论的发展历程

资料来源：笔者根据相关文献整理得出。

推动绿色经济转型。中国的经济发展经历了粗放式、集约式到逐步向绿色可持续发展转变的过程。在此背景下，绿色增长的本质就是要基于本国或地区资源承载力和生态环境容量，实现经济、社会和自然三个子系统的协调发展。

在欠发达地区的经济发展方面，刘纪远等（2013）结合西部地区经济发展和环境保护的研究，提出了绿色发展理论框架，如图 2-4 所示。

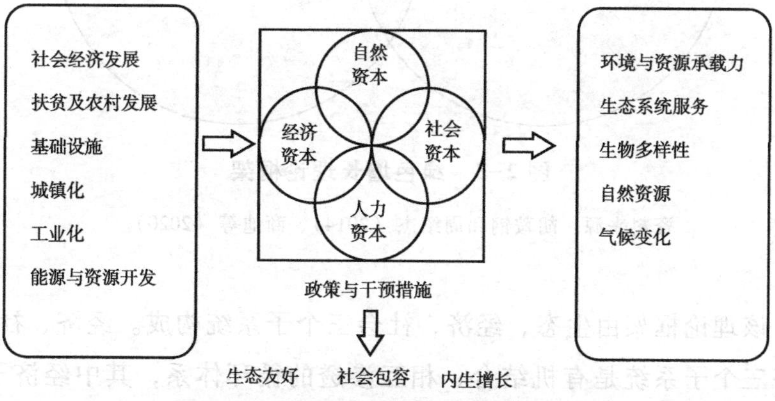

图 2-4　西部地区绿色发展理论框架

资料来源：刘纪远等（2013）。

根据图 2-4，该理论框架反映了西部地区的能源开发、工业发展和社会发展应关注资源禀赋和生态环境，并据此从四个方面制定政策与干预措施，此外，还应关注与其他地区的绿色协调发展。

在全国范围内，胡鞍钢和周绍杰（2014）从自然系统、经济系统、社会系统三个系统的互动方面，提出了“三圈模型”；此后，商迪等（2020）提出了经济、社会、生态三个维度的绿色经济、绿色增长、绿色发展的复杂系统。本书根据相关文献梳理并提炼出如图 2-5 所示的绿色增长理论框架。

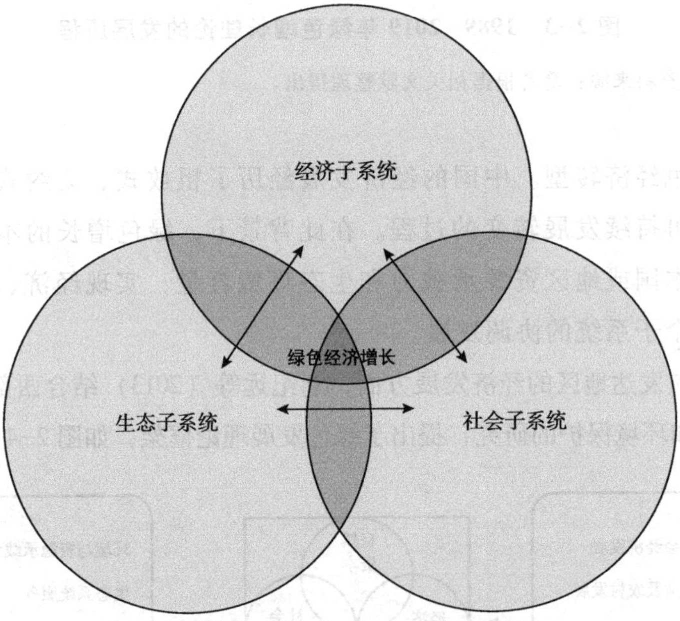

图 2-5　绿色增长理论框架

资料来源：胡鞍钢和周绍杰（2014）、商迪等（2020）。

该理论框架由生态、经济、社会三个子系统构成。经济、社会、生态三个子系统是有机结合、相互渗透的循环体系，其中经济子系统是核心，生态子系统是基础，社会子系统是动力和方向。生态子系统为经济子系统、社会子系统的发展提供物质基础，并承担经济和社会发展带来的结果；经济子系统利用生态子系统的资源转化成社会发展所需的物质和文化，同时将生产过程中产生的废弃物排放至生态子系统，起着连接纽带的作用；社会子系统决定经济子系统的结构及其与生态子系统的关系，对于系统发展有支撑作用。绿色增长是经济、社会、生态三个子系统有机衔接的结果，绿色增长水平的高低直接反映了三个子系统协同的有效性和均衡性。

（三）关于绿色增长的相关研究

绿色增长的核心要义是资源节约和环境改善基础上的经济增长。国内外关于绿色增长的研究领域非常广，不仅包括理论层面的分析还包括应用层面的研究，具体包括绿色发展效率问题、绿色发展的动力机制问题、如何构建绿色发展的制度体系问题、绿色发展质量评价问题等。

一是国外方面。关于绿色经济的理论方面，Daly 和 Cobb（1989）较早开始关注绿色经济问题；Giddings 等（2002）认为应当将环境、社会和经济三者协调统一才能达到可持续发展的目的。关于绿色经济测度的指标体系和评价问题，经济合作与发展组织、联合国环境规划署、世界银行等机构分别从不同维度设计了绿色经济评价指标并据此开展测评；Paynter 等（2018）构建了具体评价指标体系，扩展了绿色经济综合评价的内容。关于绿色发展问题，Ayala-Carcedo（2005）、Stern（2006）和 Nhamo（2014）研究发现，通过全社会层面提高绿色节能意识，大力推广绿色节能有效方法，可以促进社会向资源集约型转变，进一步促进绿色发展。

二是国内方面。关于绿色增长意义研究方面，胡鞍钢和周绍杰（2014）认为中国的绿色发展具有世界意义；Wang 等（2018）认为绿色经济增长符合中国经济可持续发展的理念，突显了生态文明建设在“五位一体”总体布局中的重要地位。关于绿色发展评价方面，中国科学院可持续发展战略研究组（2006）构建了资源环境综合绩效指数

(REPI)；刘明广（2017）对中国省域的绿色发展水平进行了评价；张乃明等（2018）则从关联角度测度了绿色发展过程中的生态效率；等等。关于绿色发展的前提方面，彭伟斌和曹稳键（2021）认为区域协调是绿色发展的前提，而绿色发展则是区域协调的高级形态。

由上述分析可知，对于绿色增长的理论框架，学者们普遍认为是经济、社会、生态三个子系统的统一，目的是实现经济的可持续发展。绿色增长成为近年来理论界研究的热点。

第四节　生态约束、产业结构与绿色增长的理论演进与相关文献综述

自然资源是人类赖以生存的基础，保持良好的环境是经济社会可持续发展的基本保障。工业革命促进了经济社会的快速发展，但由于自然资源过度“透支”而产生“抑制”经济增长的问题开始显现。发达国家近年集中爆发的环境问题，也使资源、环境与经济增长的关系问题成为全社会共同关注的焦点。结构经济学认为大多发展中国家的社会经济结构及其发展过程处于非均衡状态，且其国内的部门之间在结构上差异也非常明显，因此其经济增长除了受资本、劳动力、技术进步等要素的影响外，结构改造也是一个重要因素。在可持续发展的要求下，表现为生态约束、产业结构和绿色增长三者之间相互影响、相互联系的内在稳定关系。

一　生态（资源、环境）约束与经济增长的关系

（一）资源、环境与经济增长的直接关系研究

环境问题是经济增长的结果，某些欠发达地区可能具有资源丰富、环境脆弱和经济不景气三大特点。美国经济学家 Grossman 和 Krueger（1995）提出“倒 U 形”曲线假说，经济增长与资源消耗和

污染物排放之间存在“倒U形”关系，在经济发展的初期，自然资源消耗和污染物排放量随着国民收入的增加而增加，但达到收入门槛之后，随着收入的提高，资源消耗减少和环境质量提高。EKC反映了经济增长的不同阶段和条件。Brock和Taylor（2010）在索罗模型中加入了影响减排技术进步的因素，证实了污染物排放和经济增长与EKC有关。在经济发展前期，产量增长迅速，在过渡期之后随着减排技术的发展，如果实现长期的产量增长，索罗模型的收敛点可能超过经济增长过程中污染物的排放量，此后，许多经济学家进行了大量的实证研究，致力于研究环境保护、产业发展与经济增长之间的关系。国外经济学家也利用各国的数据，验证EKC的存在（Kahn，1998；Iwata et al.，2010）。在新兴国家，一国的污染水平随着经济的增长和国民收入的增加而提高，在经济发展到一定水平后，随着收入的增加，环境污染水平开始下降。在20世纪70年代末，发达国家如美国、德国、日本等的人均GDP分别约为1000美元、8000美元、10000美元，达到了“倒U形”曲线的峰值，这证明了EKC假说。但是，国外也有研究者质疑EKC的存在性。国内学者张诏友（2021）提出环境安全已成为全球安全体系的重要组成部分，经济增长与环境保护在安全体系中相互作用，当经济发展呈下降趋势时，经济增长对安全的重要性大于环境保护；当经济发展水平越高时，经济增长对安全和环境保护的重要性越小。

（二）资源、环境与经济增长的间接关系研究

随着资源、环境与经济增长关系研究的深入，部分经济学家开始关注新的研究方向。第一，改变传统的直接关系研究，转向资源、环境和经济增长的间接关系研究。第二，从实证角度分析“U形”曲线的成因。这个新的研究方向大约出现于20世纪末，主要源自对现实经济现象的观察和实证检验。有的观点认为，自然资源与技术进步存在矛盾。如Homer-Dixon（2000）提出，欠发达地区由于资源

稀缺约束了技术创新和进步，从而制约了经济发展。有的学者提出，不稳定的经济政策和制度约束阻碍了技术进步和创新，进而约束了经济增长。如 Barro 和 Sala-i-Martin（1995）通过对富裕和落后国家的经济发展比较，提出“制度约束论”，但由于忽略了资源投入要素，这种观点没有得到普遍的认可。Barbier（2011）通过对众多国家的经济发展进行研究，发现许多欠发达国家的经济过度依赖自然资源，其经济增长主要来自初级产品的生产。由于生产效率低下，对经济高增长的追求，生产在资源开发中的比重过高，导致“贫困—资源、环境恶化”，从而形成资源枯竭、环境破坏的恶性循环。Sachs 和 Warner（2001）的研究表明，从长期来看，资源丰富地区的经济增长率可能低于资源节约型或经济增长严重依赖原材料出口的地区。Barbier（2011）和 Homer-Dixon（2000）的研究成果解释了出现这种情况的原因，从资源稀缺的角度来看，落后地区的经济发展水平低，原因不一定是传统理论认为的政策不稳定，有可能源自对自然资源的无效率开采和损耗，从而造成资源的快速枯竭和稀缺。

（三）生态约束传导机制的研究

生态约束传导机制是指资源或环境通过某种途径对经济增长产生影响。当前，中国实现绿色经济增长转型面临的问题是，欠发达地区往往面临更为严重的资源和环境问题，即面临一定程度的“生态约束”问题。学界对于“资源诅咒”传导机制的研究较多，加上环境影响因素，考察生态约束传导机制方面的研究尚少。找出生态（资源和环境）约束传导机制的成因，有利于破解资源和环境对绿色增长的约束。对于生态约束的传导机制，相关研究主要有以下几个方面。

（1）资源短缺导致“增长阻力”。关于资源约束对经济增长的阻力作用，国内外学者均有丰富的研究成果。国外的研究文献主要关注资源短缺导致的增长阻力问题。Nordhaus 等（1992）较早提出了“增长阻力”理论，将自然资源纳入索罗模型，通过对比有资源约束和无资源约束的新古典经济增长模型，对美国的“增长阻力”进行测度。Romer（2001）则对索罗模型进行扩展，分析了土地资源稀缺形成的“增长阻力”。中国改革开放40多年，经济持续高速增长，诸多学者开始关注经济增长对资源消耗和环境污染的影响程度问题。有的学者研究了能源对经济增长的“尾效”（谢品杰、穆卓文，2019；薛俊波等，2017）；有的学者研究了水资源对经济增长的“尾效”（刘耀彬等，2019；王宾、杨琛，2019）；还有的学者分析了土地资源对经济增长的“尾效”（李世祥等，2020；赵蔡晶等，2018）。

（2）资源丰裕产生“资源诅咒”。“资源诅咒”是指自然资源充足的国家或地区的长期经济发展比自然资源匮乏的国家或地区差，比如荷兰的“荷兰病”，刚果的“黄金诅咒”，智利的“铜矿诅咒”，尼日利亚、委内瑞拉的“石油诅咒”。相关理论研究如下。

中心-外围论：1949年，阿根廷经济学家Raul Prebisch首次提出中心-外围论，在《拉美经济发展与重大问题》一书中将世界经济体分为两类。一类是“中心”国家或地区，由西方发达国家组成，它们对高科技产业的管理水平很高，并通过科技进步实现专业化，以实现更高的产量和利润率；另一类是“外围”国家或地区，由发展水平较低、产业结构单一的欠发达国家组成。不平等的交换关系使这两类经济体从科技进步中获益不同，“中心”地区在资本购买、技术、投资、利润等方面具有普遍优势，它们的发展是以牺牲“外围”国家或地区的利益为代价的，因此它们在经济全球化过程中受益更多；“外围”国家或地区则处于发展的劣势地位，与“中心”国家或地区的经济差距日益扩大。

贸易条件恶化论：阿根廷经济学家Raul Prebisch和德国经济学家Hans Singer提出了“贸易条件恶化论”。这一理论被用来解释丰裕的自然资源抑制经济增长的原因。这一理论认为，在国际分工的条件下，各国按照比较优势进行生产和贸易是利益最大化的选择，自然资源丰裕的国家往往把生产要素投向资源开发和初级产品生产的产业，忽略了制造业的发展。但由于技术进步、需求弹性、价格弹性和技术创新的外溢效应等各方面条件的影响，初级产品价格下降，对其生产国家贸易条件产生负面影响，从而对经济增长产生影响。

荷兰病效应（the Dutch Disease）：指一个国家或地区以自然资源部门为经济发展中心，削弱了其他部门的竞争力，工业部门发展不均衡最终对地区经济增长产生不利影响，这种经济现象在荷兰首次出现，被称为“荷兰病”。早在20世纪60年代，荷兰天然气资源丰富，因此成为主要天然气出口国，导致农业和制造业的发展弱化和萎缩。天然气产业吸纳的劳动力有限，长期造成了失业率提高和经济衰退。以资源开发和初级产品生产为主的产业部门的过度发展会抑制其他经济部门，从而产生“挤出效应”。这时，由于形成低级的产业结构，吸纳劳动力有限，技术创新溢出的正外部性减弱，最终会导致经济体走向衰退。荷兰病是“资源诅咒”的重要传导因素（杨莉莉等，2014）。荷兰病效应使实际汇率产生波动，从而对经济增长产生抑制作用（Moradbeigi and Law，2016）。

制度弱化效应：指由于制度不完善、法律法规不健全、产权模糊等原因，资源被滥用、环境遭到破坏、分配不均衡和寻租腐败滋生，从而影响经济增长。在“资源诅咒”传导机制的分析中，制度问题是研究者关注的关键问题之一。资源禀赋通过制度对经济增长产生间接影响，该结论可以解释大部分经济增长差距产生的原因（彭爽、张晓东，2015；芦思姮，2017）。资源型经济体的资源禀赋最终是“祝福”还是“诅咒”，根本原因在于制度安排，而非自然资源本身（王智辉，2008；徐林、黄念兵，2010）。资源富集会引起利于占有者的制度“挤出”利于生产者的制度（赵伟伟、白永秀，2020）。在矿产资源丰富的地区，政府可以直接从集中开采中获得高回报，很容易增加收入和腐败，降低国家制度质量（徐康宁、韩剑，2005；Sala-i-Martin and Subramanian，2013）。制度弱化的根源是，具有资源禀赋的欠发达国家由于资源收益率下降，提高制度质量的动力不足，影响将资源收益转化成改善投资环境和发展多样化经济的积极性，从而形成恶性循环并阻碍经济发展。众多学者构建的制度理论模型，在一定程度上解释了资源富集地区出现“资源诅咒”、发展中国家经济落后是受资源开发和制度安排的影响，并不是资源本身导致的。制度在经济增长中起到重要作用，制度质量降低必然阻碍经济增长和社会福利提高。制度结构差异是资源禀赋相似国家经济发展路径不相同的原因。

挤出效应：指由于资源的不断开发和随之产生的环境恶化会“挤出”经济增长的某些驱动要素。自然资源禀赋会“挤出”经济增长的内生变量，如人力资本、制造业、环境保护、技术创新和外商投资等，进而不利于绿色增长转型（万建香、汪寿阳，2016；李江龙、徐斌，2018）。主要体现在以下几个方面。

第一，挤出固定资产投资。资源和环境因素挤出固定资产投资，影响投资拉动对经济增长的作用发挥。中国目前仍然是资本拉动型的经济增长模式，经济增长受物质资本投入水平影响较大（赵蔡晶等，2018）。资源丰富地区的资源型产业吸纳了大部分生产要素，影响对其他产业的投资，从而影响全社会基础设施建设和产业经济的均衡发展。

第二，挤出教育，弱化人力资本。因为资源开发和商品生产不需要劳动力有较高的技术知识水平，资源型城市的政府和家庭往往忽视了智力投资和教育支出，这导致人力资本积累减少，缺乏长期经济增长的动力（Gylfason，2001a）。资源富集地区由于其他产业发展弱化，导致人力资本外流，会加剧“资源诅咒”的发生（杨莉莉、邵帅，2014）。

第三，挤出外商投资。自然资源禀赋对外商投资的影响具有不确定性。一方面，资源类产业国有化比例较高，资源型行业或多或少受本国的控制，从而市场化程度不高、营商环境表现不佳，造成对外开放程度较低（徐康宁、王剑，2006；谭赛，2019）。另一方面，由于初级产品技术进步缓慢，生产效率较低，以外商投资为载体的技术容易被吸引（李春顶，2009）。

第四，挤出金融资本投入。王开盛和杜跃平（2010）研究提出，当资源型产业在产出分配中所占份额较高时，社会资本需求下降，导致利率下降，储蓄减少，经济增长滞后。当社会财富分配给资源拥有者的比例增加时，将降低社会对资本的需求，减少金融中介机构之间的日常交易，在这种背景下，国内金融中介机构的作用不能得到充分发挥，相反，当储蓄以实物资本的形式存在于国内时，国内金融中介机构的资源禀赋会减缓金融体系的整体发展，扭曲资本配置，影响投资和储蓄的数量和质量，影响经济增长。

第五，挤出制造业。自然资源丰富的地区会形成以资源开发和初级产品生产为主导的产业结构，从而弱化制造业的发展（Neary and Corden，1982），而制造业部门有更高的技术创新要求和更快的技术创新、更新速度（Papyrakis and Gerlagh，2004a）。

第六，挤出技术创新。自然资源富集的地区面临相对较小的资源约束和要素利用率提升的压力，导致技术创新动力不足（Papyrakis and Gerlagh，2006）。由于短期收益非常可观，资源富集地区往往偏向扶持技术贡献率低的资源开发部门，从而对技术改进和创新的投入不足（刘海平等，2014）。自然资源丰富的地区较多具有潜在创新能力的人力资本流向了初级产品生产部门，由于初级产品生产不需要太高的技术水平和太多的技术人才，创新人力资本的累积和开发受到限制，对整个地区的创新发展形成抑制（海琴、高启杰，2020）。初级产品生产吸引了潜在的创新型企业家，挤出了企业家创新行为（Papyrakis and Gerlagh，2004b）。

（四）资源、环境与经济增长研究的重点

第一，环境库兹涅茨曲线（EKC）存在性的研究。自环境库兹

涅茨曲线提出以来，各国学者对 EKC 是否存在一直有争议，国内外学者利用各国数据从不同的角度来验证 EKC 的存在，国外的一些研究者认为，EKC 不一定是普适的，也不一定存在。由于我国区域经济发展的多样性和环境条件的复杂性，不同区域在不同经济发展阶段的 EKC 具有不同的形态，可能是“倒 U 形”，也可能是“U 形”“N 形”“S 形”等。

第二，生态约束传导机制的研究。如果环境库兹涅茨曲线存在的假设成立，生态约束的传导机制就是论证曲线形成的原因。根据学术界的研究，生态约束除了直接对经济增长产生作用外，还可能通过抑制某些对经济增长有促进作用的经济指标间接影响经济增长，这就是“挤出效应”。

二　生态（资源和环境）约束与产业结构的关系

传统的产业结构优化相关研究忽略了生态环境保护的政策要求。当前经济发展是在可持续发展目标要求下进行的，地区经济发展必须考虑资源和环境的制约因素。目前，不少学者开始注重引入资源和环境因素，对产业结构优化进行研究。

众多学者不仅从定性和定量两个维度剖析了能源消耗与污染物排放之间的关系，还进一步论证了不同产业下能源消耗与污染物排放之间的关系，得出能源消费结构影响污染物排放的结论（徐家鹏，2016；雷海等，2017；田孟、王毅凌，2018）。部分学者也研究了国内外能源消耗、污染物排放与产业经济发展的关系，提出能源消耗、污染物排放和产业经济发展三者之间存在影响关系（王丽萍，2017；张抒、梦董虹，2016）。现有关于工业经济发展、能源消耗和污染物排放之间关系的研究，可以得出两个主要结论：第一，采用定性和定量方法发现能源消耗和污染物排放之间存在着必然的联系，以及能源消耗与污染物排放之间呈正相关关系；第二，能源消耗、产业结构、污染物排放三者之间是密切相关的，经济高速增长需要加大能源消耗，能源消耗又加剧了污染物排放，对环境造成不良影响，而节能减排会减少能源消耗，因此需要协调好能源消耗、经济发展、污染物排放三者之间的关系。

三 产业结构与绿色增长的关系

国内外许多研究者也从不同的角度对此进行了研究。传统的产业结构学派，以配第-克拉克定理为代表，认为产业结构调整可以带来“结构红利”。如经济增长通过主导产业从低级向高级发展实现产业结构的演进（Bosworth and Collins，2008）。应实现从第一到第二、第三产业依次更替发展，促进生产要素从生产率低的部门向生产率高的部门流动，优先发展生产率高的部门从而推动经济高速增长。经济增长的主要原因是社会全要素生产率的提升（De Vries et al.，2012）。欠发达地区应通过产业结构升级获得经济增长的新动能。国内学者也提出了类似的观点，干春晖和郑若谷（2009）提出，基于要素流动的产业结构演化有助于生产力的提高，这就是所谓的结构收益假说。蔡昉（2013）提出我国全要素生产率的提高主要得益于“结构红利”。根据“结构红利假说”，产业结构的优化可以促进投入要素从低生产率或低生产率增长部门向高生产率或高生产率增长部门的转移。然而，越来越多的研究提出了与传统的产业结构理论截然不同的观点。有的学者从实证角度进行检验，如 Fagerberg（2000）对全球 39 个国家和地区的工业发展过程进行研究，指出在通常情况下，全要素生产率和产业结构调整存在负向的关系。国内学者越来越多的研究结论支持“结构红利”的存在具有特定范围。产业结构调整与经济增长之间存在非线性关系，产业结构合理化是决定二者关系的边界变量，“结构红利”具有特定范围。产业结构优化对中国生产率增长的影响是明显的，经济发展的不同阶段具有不同的影响（余泳泽、潘妍，2019）。为了优化产业结构，全要素生产率的增长速度各不相同，其对产业结构合理化的作用机制由正向促进转为负向抑制，对产业结构高级化的影响则相反（高建勇、汪浩瀚，2019）。产业结构优化会对全要素生产率的提高产生抑制作用，同时，不同规模的城市产业结构升级的效果有所差异（于斌斌，2015）。针对“结构红利”衰减或丧失的原因，林毅夫（2011）指出，要关注要素禀赋、产业结构在不同发展阶段的差异以及原有扭曲的影响。张军（2015）认为，中国的去工业化对制造业产生了“挤出效应”，对服务业发展的推动作用也不明显。中国产业结构存在严重不合理，“脱实入虚”影响经济转型升级效果。黄群慧（2014）和于斌斌（2015）认为，通过第一产业向第二产业的转变来适应中国工业结构的现代化，将导致经济增长的“结构性加速”，而第二产业转向第三产业则导致经济增长的“结构性放缓”。第二、第三产业的不协调发展影响经济增长（渠慎宁、吕铁，2016）；不合理的产业结构限制了工业化水平提升，进而影响经济增长（高辰颖，2018）；我国产业结构“服务化”升级与地区要素禀赋不适应，也不符合产业结构优化，造成资源配置的低效（曾起艳等，2018）；由于当地要素禀赋以及产业结构升级之间的成本差异，产业结构升级对全要素生产率的影响可能不同（朱风慧、刘立峰，2020）。为了解决传统经济增长没有反映资源投入和环境影响的问题，部分学者开始尝试采用绿色增长率来反映经济增长的速度和质量（金芳、金荣学，2020）。根据学者们的研究，已经有学者用绿色增长率代替传统的经济增长指标，同时已有研究表明产业结构优化有可能带来“结构红利”或“结构负利”，“结构红利”的存在具有特定范围。

（一）产业结构能够显著促进绿色增长方面

国内众多学者对全国范围的研究证明，产业结构优化对绿色增长有正向促进作用（武建新、胡建辉，2018；刘赢时等，2018；谢婷婷等，2019）；也有学者研究提出第三产业的正效应最显著（孙瑾等，2014）；还有学者从作用影响机制方面提出了观点。

（1）结构效应论。结构主义认为，实际上，产业结构的发展过程就是把生产要素从生产率较低的部门转移到生产率较高的部门的过程，平衡各部门的生产率，最终实现经济增长的目标（Peneder，2003）。产业结构的优化有助于经济总量的增长和资源的合理配置，所以，结构效应是经济增长的重要源泉。

（2）中介效应论。冯志军等（2016）认为产业结构的优化不仅可以直接促进绿色增长，而且可以起到中介作用。

（3）空间效应论。韩永辉等（2015）研究发现产业结构合理化对空间外溢有积极影响，也会大大提高其他地区的生态文明水平。于伟和张鹏（2016）研究发现，产业结构升级对绿色经济的发展有着重要的直接和间接影响。此外，有学者对资源型城市的影响进行研究。卫平和余奕杉（2018）认为产业结构合理化可以显著提高资源型城市的经济效率。于斌斌和苏宜梅（2020）采用修正的Super-SBM方法对我国土地利用效率进行测度，并利用动态空间面板模型验证了产业结构高级化、合理化和服务化对土地利用效率的影响。

（二）产业结构并未有效促进绿色增长方面

与上述文献结论相反，一些文献对于产业结构是否会促进绿色增长提出质疑。

（1）具有负向的空间外部性。产业结构调整对绿色增长具有“以邻为壑”“损人利己”“逐底竞争”效应（张治栋、秦淑悦，2018；李子豪、毛军，2018；张勇，2018）。

（2）资源型城市的影响。资源型地区产业结构合理化、产业结构升级，对促进绿色增长没有发挥作用（赵新宇、万宇佳，2018；郑婷婷，2019）。

四 生态约束、产业结构和绿色增长三者的互动关系

产业结构是各类要素投入的“转换器”（崔凤军、杨勇慎，1998），又是污染物排放的“控制器”（任建兰等，2004），也是人类社会经济活动和自然环境的重要连接纽带。一方面，区域资源和环境的承载力制约着产业结构及其演变方向；另一方面，产业结构的构成方式决定资源要素的利用率、对自然环境的影响效应和社会的经济效益（赵雪雁、赵海莉，2007）。不同的产业结构由于消耗的资源数量及种类不同，其对自然生态环境的影响也不同。因此，结合区域自然资源禀赋，合理地选择和调整产业结构，推动其不断优化升级，对促进区域经济与资源和环境的协调发展意义重大。

对于产业结构与经济增长的关系研究，早期比较具有代表性的是罗斯托、筱原三代平等人的研究成果。罗斯托（1962）提出，在经济从低水平发展到高水平的过程中，主导产业的迭代和改变促进了产业结构的优化。筱原三代平（1957）通过研究日本的产业发展轨迹，提出产业结构规划应以“需求弹性”和“生产率增长”为基础。他在罗斯托理论的基础上提出，需求弹性大的产业能够获得高利润，从而吸引生产要素转移，迅速发展成为区域主导产业。这些研究主要从需求弹性的角度出发，随着绿色发展和可持续发展理论的引入，研究者们开始将资源与环境作为经济模型中的内生变量，考察生态约束下资源与环境的关系，优化产业结构促进经济增长已成为一种理论研究思路。谢书玲等（2005）、崔云（2007）等基于Romer假说，通过研究资源与环境对经济增长的“尾效”，认为中国经济要想获得持续的增长，改变“尾效”效应，就必须通过产业结构的调整匹配资源与环境的要求。部分学者则研究了资源与环境约束下，最优产业结构标准的问题。国外学者Schou（2000）、Grimaud和Rouge（2003）针对缓解和消除经济增长的“尾效”效

应，将资源和环境因素纳入内生增长模型，对最优产业结构标准进行定量分析。国内学者崔凤花（2009）、肖兴志等（2013）提出，应结合资源环境、科技创新、人力资本、国际贸易等因素进行生产要素的合理配置，使产业结构适应经济增长的要求，并提出最优配置的定量标准和测度工具。也有学者认为经济增长会引起资源消耗增加，而资源消耗增加会导致生态环境破坏，最终对经济增长产生抑制作用。研究资源与环境对经济增长的影响，更应该关注产业结构的传导作用。生态约束、产业结构和绿色增长三者之间存在着密切的关系。

第五节　既有文献评述

一　现阶段的研究成果

生态约束与绿色增长问题成为近年国内外学者关注的热点话题，主要体现在以下方面。

（一）相关理论梳理

从生态（资源和环境）约束、产业结构、绿色增长三者的内涵及其相互作用的机理进行了分析总结。目前国内外学者对资源、环境与经济增长之间是否存在 EKC 尚无统一的定论，但是较多学者趋向 EKC 条件性存在，由于区域经济发展的多样性和环境条件的复杂性，不同经济发展阶段区域的 EKC 表现出不同的形式，可能是“倒U形”，也可能是“U形”“N形”“S形”等。对于资源、环境的传导机制研究尚少，较多学者主要集中在对资源丰裕国家和地区的“资源诅咒”传导机制的研究。随着国际贸易和区域经济一体化的推进，资源的流动性不断增强，资源丰裕的影响作用在一定程度上有所削弱，而国际社会对资源投入影响生态环境的关注日益增强，因此，研究资源、环境与经济增长的关系及其生态约束传导机制具有重要的现实意义和理论意义。

（二）相关文献综述

基于 CiteSpace 软件应用的文献计量分析，并进一步从如下四个方面展开文献梳理。

第一，关于资源和环境因素的研究，梳理了经济增长理论中对资源和环境因素影响的理论研究脉络，研究了资源和环境因素在经济增长理论演进中的发展轨迹，分析得出近年资源、环境与经济增长研究的重点主要是环境库兹涅茨曲线存在性的研究和生态约束传导机制的研究这两个方面。

第二，关于绿色增长的研究，分别从绿色增长的理论演进、绿色增长的指标设计及衡量、绿色增长的研究前沿和热点等方面的相关文献进行梳理。学界分别从绿色增长的影响因素、环境规制对绿色增长的影响、碳排放交易对绿色增长的影响以及产业结构对绿色增长的影响等维度进行研究。关于绿色增长影响因素的研究相对比较集中。

第三，关于产业结构优化的研究，分别从产业结构优化的前沿和热点以及产业结构优化水平的角度进行研究。总结来看，关于产业结构优化主要涉及以下几方面的研究。比如关于产业结构演进或者产业结构调整的话题，从产业结构变动的影响因素着手，如产业结构与经济增长的关系等，研究表明，产业结构的发展与经济增长密切相关，提出了“结构红利”的概念。比如关于产业结构优化的研究，学者的研究重点主要集中在两个方面，一方面分析影响产业结构优化的因素，另一方面对我国或者特定区域的产业结构优化程度进行研究。产业结构优化一般采用合理化和高级化指标进行测度，也有其他测度指标的应用。

第四，关于生态约束、产业结构、绿色增长三者之间互动关系的研究，主要从相关前沿和热点、生态约束对绿色增长、产业结构对绿色增长的角度进行文献梳理，研究发现生态约束与绿色增长两个变量之间的相互影响呈现区域性差异，不同时期、不同区域和不同经济发展阶段造成了 EKC 的条件存在性，以及曲线特征的不同。生态约束的传导机制有待于我们进行深入探讨。

二 现阶段研究的不足

（一）生态约束传导机制的研究尚少，缺乏系统性的理论解释和实证依据

生态约束不仅是一种经济现象，还是经济运行的一种因果关系，其与绿色增长之间存在双向因果关系。国外的研究虽然基于间接角度，但相关领域的研究较丰富，实证分析较多。与国外学者相比，国内学者关于自然资源和经济增长的关系研究，从宏观角度的理论分析和规范研究较多，模型化的研究不多，实证和案例较少，没有清晰地揭示生态约束与绿色增长的传导机制和作用机理。国内的研究同时将自然资源和环境影响两个因素作为约束因素，考察其对经济增长的传导机制研究更少，而且研究结论并不一致，主要存在如下不足：第一，既有研究关于产业生态资源的承载力测度评价指标体系存在较大差异，难以对不同地区绿色发展效率现状进行客观比较，因此，应建立综合指标评价体系来测度产业生态资源的承载力；第二，既有文献对经济增长影响的研究多是集中于经济增长的速度，较多研究采用 GDP 增长率或人均 GDP 增长率来衡量地区经济发展状况，忽略了可持续发展的要求。与面临生态约束的现实环境相适应，要把自然资源和环境影响这两个分别影响生产的投入过程和产出过程的因素纳入经济增长模型进行研究，关注绿色全要素生产率的提升。因此，我们需要一套正式的理论假设和严格、系统的实证分析方法来深入地阐述生态约束的传导机制，给出科学合理的理论解释和实证分析结论。

（二）对产业结构在生态约束对经济增长影响中的传导机制缺乏考虑

现有文献对于生态约束、产业结构和绿色增长三者之间关系的研究，主要集中于生态约束和产业结构、产业结构和经济增长两两变量之间的关系，上述两组关系的存在基本达成了共识，但生态约束、产业结构和经济增长三者之间的关系还有待进一步研究。单纯从两两变量之间的关系角度去分析问题，研究视角必然有局限性。产业结构是自然环境和人类社会经济活动的重要连接纽带，区域资源和环境的承载力制约着产业结构及其演变方向，进而对绿色增长产生影响，因此，研究生态约束的传导机制，有必要关注产业结构的中介传导作用。

上述问题对我国欠发达地区实现产业结构优化与绿色增长有着重要意义，亦是本书的研究意义所在。本书基于现有研究基础，将资源和环境因素纳入绿色增长的研究框架，在生态约束的传导机制研究中，从产业结构的高级化和合理化两个维度探究其中介传导作用，期望在前人丰富的理论和实践研究成果基础上，对生态约束传导机制的理论和实证研究增加有益的补充。

第三章　概念模型、理论支撑与实证研究准备

欠发达地区在发展经济的同时，应该充分考虑生态（资源和环境）约束，实现在生态保护前提下的经济持续增长。产业结构优化是经济增长的本质要求，决定了经济发展的水平和质量。在经济可持续发展的目标下，生态约束、产业结构优化和绿色增长是三个重要影响因素。一方面，绿色增长要求改变产业结构，提高资源利用效率，减少对自然环境的破坏，可持续的经济增长需要相适应的产业结构演进；另一方面，生态约束下，产业结构的优化必须关注绿色增长的要求，在资源和环境（生态）承载力的范围内进行。基于以上原因，从绿色增长的角度研究欠发达地区产业结构优化问题，从结构角度分析要素资源的生产率在一定程度上是可行的。

第一节　生态约束与经济增长的关系

一　资源禀赋、生态环境与经济增长的关系

国内外许多学者从不同的角度来验证环境库兹涅茨曲线（EKC）的存在性，学者们对发达国家和新兴工业化国家的研究结果表明，一个国家的环境污染程度随着经济增长的加速和国民收入的增加而上升。当经济发展到一定水平时，随着国民收入的增加，环境污染程度开始下降。为了避免重蹈发达国家“先污染后治理”的覆辙，

欠发达地区在发展自身经济的同时要保护生态环境，区域经济发展与生态环境的关系需要更加密切。要素投入结构决定产业构成，不同产业的资源配置效率和要素利用率决定着资源的耗用结构，进而对生态环境产生影响。丰富的自然资源有可能对地区经济发展产生巨大的推动作用，但随着工业发展带来环境恶化和资源枯竭等问题，某些西部地区陷入了“资源诅咒”的困境。因此，生态环境保护和经济发展是相辅相成的，立足资源和环境承载力发展经济是经济可持续发展的本质要求。生态约束与经济增长的关系可以用图 3-1 表示。

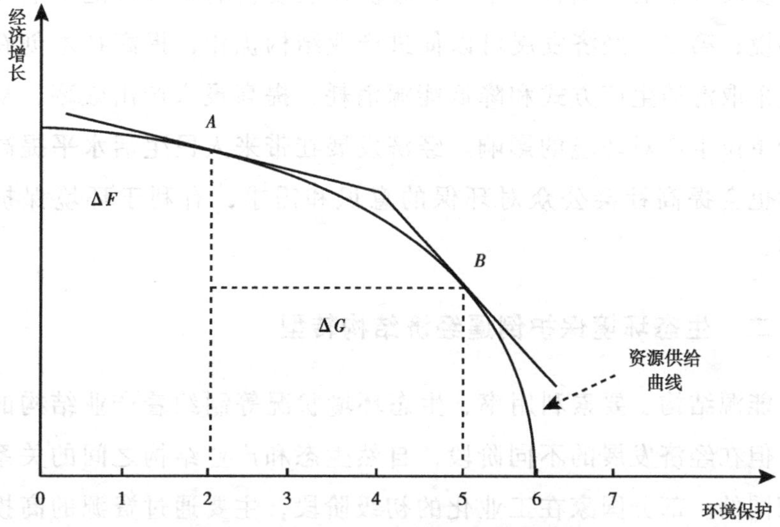

图 3-1　生态约束与经济增长的关系

如图 3-1 所示，在一定时期内，一个国家或地区的自然资源是有限的。在资源和要素有限的情况下，环境保护与经济增长之间存在替代关系，当资源重点投向经济增长时（见 *A* 点），可以配置于环境保护的资源投入则相应减少，反之亦然（见 *B* 点）。当经济增长从 *B* 点移动到 *A* 点时，即经济增长增加值为 ΔF，放弃的“机会成本”环境保护值是 ΔG，反之亦然。经济发展水平越高，资源和要素越会向环境保护流动，如 B 点；经济发展水平越低，资源和要素越会向经济增长部门流动，如 A 点。从图中可以看出，环境保护的边际替代率为 $IMRS1=-\mathrm{d}F/\mathrm{d}G$，越靠近 A 点，环境保护的边际替代率越小，放弃的环境保护“机会成本”越大；而越靠近 B 点的环境保护“机会成本”越大，经济增长的损失越大，反之亦然。经济增长、环境保护对社会安全保障的重要性在发达地区和欠发达地区是不同的，欠发达地区往往更注重优先促进经济增长，而发达地区对环境保护的意识会更强。中国的经济持续高速增长已经积累了一定的物质基础和社会财富，具备了重视环境治理的基础条件，所以要重视经济发展带来的两面性：第一，经济发展规模的扩大可能影响和破坏环境；第二，经济发展可以促进产业结构优化，提高技术创新水平，采取清洁生产方式和降低能源消耗，提高投入产出效率，从而减少单位生产对环境的影响。经济发展在带来人民生活水平提高的同时也会提高社会公众对环保的意识和需求，有利于环境保护的发展。

二　生态环境保护倒逼经济结构转型

能源结构、要素利用率、生态环境状况等制约着产业结构的优化，但在经济发展的不同阶段，自然生态和产业结构之间的关系是不相同的。部分国家在工业化的初级阶段，主要通过资源的高投入和环境高污染实现经济增长；在后工业化时代，随着信息技术、科技创新和知识产业的发展，在降低能源消耗、低碳化生产、节能减排等方面取得了较大的进步，促进了产业结构优化。欠发达地区的产业结构同样面临着资源和环境的制约。现代农业生产活动的反生态性加速了水土流失、生物多样性减少和地貌特性改变。半个多世纪以来，为了提高粮食的单位产量，农业生产种植大量使用化肥、农药和除草剂等，农业生产活动对环境造成了破坏，而过度垦荒和畜牧业的发展加快了土地的退化，工业的发展同样加重了自然资源的消耗和环境的污染程度。发达地区第三产业增加值比重不断提高，曾经有人认为，通过提高第三产业增加值比重，进入以服务经济为主的经济形态，可以减少对生态环境的破坏，但事实并非如此。一方面，随着经济发展总规模的扩大，即使第三产业增加值比重上升，但第一、第二产业的发展超过一定的规模，对自然环境的破坏仍然是加剧的；另一方面，服务经济并不会脱离实体经济而存在，而是依托实体经济或给实体经济发展提供支撑。因此，第三产业的发展在一定程度上会带动或促进第一、第二产业的发展。例如，交通运输业的发展会增加开采业的需求，同时带动车辆的增加，从而促进石油、钢铁、橡胶等资源的开采和冶炼加工业的发展。而交通运输业的发展本身也会增加污染物排放和造成大气污染。传统的经济增长方式是通过不断消耗资源来生产所需产品和排放废弃物的。欠发达地区如果沿用传统的线性经济发展模式，在不久的将来，由于资源的枯竭、环境的破坏和生态的恶化，社会经济的可持续发展很可能无法维持。因此，社会经济增长要从线性模式向循环模式转变，从以 GDP 为导向、片面追求经济效益向以追求社会、经济、环境综合收益为导向的绿色增长模式转变。因此，欠发达地区需要在发展自身经济的同时逐渐调整产业结构，实现绿色经济增长模式。

第二节　产业结构与绿色增长的关系

一　产业结构优化是绿色增长的手段和路径

绿色增长的内涵是实现经济的可持续发展，产业结构生态化转型和优化是经济可持续发展的动力，也是实现高质量发展的要求。产业结构优化就是要实现产业结构的高级化和合理化。前者是实现要素资源从低效产业部门向高效产业部门的流动，是经济增长的前提和条件。后者是对产业内部和产业之间的要素资源进行合理配置和调整的过程，这是实现绿色增长的基础。产业结构优化可以改变产业与产业之间以及产业内部的比例关系，实现结构内部的良好互动，能够提高资源利用效率和减少废弃物排放，是实现绿色增长的手段和路径。

二 绿色增长是产业结构优化的重要方向

绿色增长的核心要义是实现资源节约和环境改善基础上的经济增长。多数欠发达地区以粮食等农作物种植为主要产业，经济作物比重低，耕作技术落后；工业以初级加工业为主，生产方式粗放，产品加工度较低，技术含量不高，多数行业的产品附加值较小。这样的产业发展模式导致环境压力巨大，为了避免走发达国家“先污染后治理”的老路，欠发达地区应采用绿色经济发展模式，绿色发展过程实质上是产业生态效率提高、产业结构优化的过程。从国外发达经济体的经济发展过程来看，它们在工业化进程中或多或少曾陷入能源与环境的生态约束困境，虽然突破困境的措施与方式各有不同，但核心都是依赖全要素生产率的快速提升来实现能源、经济和环境系统的平衡。欠发达地区产业结构在面临能源与环境的约束时，产业经济的发展势必要关注绿色增长，要把经济发展向绿色创新驱动型转换，实现绿色增长有效促进产业结构的演进。

三 绿色增长与产业结构优化相互影响

产业结构是社会经济活动的重要载体，同时联系着经济系统和生态系统。区域资源、环境的承载力和经济发展水平制约着产业结构演变的方向。区域的产业结构组成方式决定着能源消耗结构、经济效益水平及对环境的影响程度，进而影响全要素生产率的提升。因此，绿色增长和产业结构优化相互依赖和相互制约。一方面，产业结构变动带来的要素流动影响绿色全要素生产率。绿色全要素生产率是加入资源和环境要素后得到的全要素生产率，是反映经济增长的重要指标。例如，资本、劳动力等要素遵循向生产效率高和收益率高的部门流动的规律，在部门内、部门间的流动和重新配置可以引起规模效率提高，从而促进绿色全要素生产率的提升。生产要素投入结构的变化，引起废弃物等非期望产出排放的变化，进而影响绿色全要素生产率的变化。另一方面，一个国家或地区的产业结构优化能力和水平与当地自然禀赋、生态保护、经济状况和社会发展相互制约、相互促进，绿色增长对产业结构变化产生制约。因此，在生态约束下，落后地区产业结构优化是一个促进绿色增长，实现产业间协调发展，促进产业资源要素结构、产业技术结构优化的过程。绿色增长通过促进要素调整、技术进步和结构调整，使产业结构的整体质量和效率向更高水平演进。

第三节　生态约束的测度

生态约束的测度方法方面，在已有研究中，有的建立生态系统综合评价指标进行衡量（谢森炜、郭凤芝，2019）；有的从投入产出的角度进行衡量（李华旭、杨锦琦，2020；谢森炜、郭凤芝，2019）；有的从资源禀赋和环境容量的角度进行衡量，如采用生态环境承载力（李嫚等，2021；冯琰玮等，2021）、资源环境承载力（王兆峰、赵松松，2021；封志明等，2021）；有的从国家政策和法规限制性的角度进行衡量，如环境规制（李柯颖、李莉，2021；董杨，2020）、能源消耗强度（张小平，2021；黄和平等，2019）。生态系统综合评价指标已经超过了产业经济学的研究范畴，限于笔者的研究领域和研究精力，无法详尽地深入分析这一问题。近年来，在国家层面建立了“能源消耗强度”作为自然资源耗用和生态环境影响的约束指标，同时，较多的生态约束领域的研究成果选择了“能源消耗强度”作为生态约束的综合性度量指标。这个指标一方面反映了国家政策法规的要求，另一方面能同时反映自然资源利用效率和环境影响程度两个方面的生态约束状况。综合以上考虑，本书所有研究都将用能源消耗强度来综合度量生态约束。

第四节 绿色增长的测度

国内外一些机构和学者对绿色发展评价指标体系和测度方法进行了大量的研究，主要包括两种指标体系。第一，基于可持续发展理论的评价指标体系，如 OECD 设计的 DPSIR（驱动力、压力、状态、影响和响应）评价指标体系，并设计了 14 个二级指标和 23 个三级指标；联合国环境规划署（UNEP）的环境、经济和社会三大系统模型和联合国可持续发展委员会在三大系统模型基础上增加的四大系统框架指标体系；以联合国开发计划署设计的人类发展指数和其他国际组织提出的环境压力指数、生态效率指数、可持续晴雨表和环境脆弱性指数作为发展和评价绿色经济的依据。第二，基于绿色国民经济核算的实践，20 世纪 80 年代，世界银行提出了“绿色会计”的概念；1993 年，联合国编制了《环境和经济综合核算手册》；2012 年，SEEA-2012 中心框架正式颁布，被公认为第一个国际环境经济核算统计标准。此后，绿色国民经济核算指标体系和研究方法被不断完善。

有关绿色增长的测度方法问题，环境、经济及管理等领域学者进行了长期探索，提出了许多方法。例如，Wackernagel 和 Rees（1996）提出使用生态足迹测量方法来评估人类对生态系统的依赖程度，并用这个方法测量可持续发展；Joost 和 Methner（2002）构建了 EVR 模型，即生态成本价值比模型，作为描述产品和服务可持续性的生态效率指标；Sueyoshi（2006）基于 DEA 方法，对生态技术创新可能的损害赔偿进行了环境评价研究。其中，比较成熟的方案是 1992 年联合国统计委员会修订的环境与经济综合核算体系，提出了绿色 GDP 的概念。绿色 GDP 建立了以国民经济核算为基础的核算框架，将经济核算与环境评价相结合，适应了经济生活市场化的现实。但是，用绿色 GDP 的概念来评价绿色增长还存在一些问题，如过分强调经济增长、难以推广、不能反映绿色经济的全貌等，因此，在绿色经济评价中，必须完善和补充绿色 GDP 核算体系，理论联系实际，进行动态分析，建立一个能够全面反映绿色增长内涵和本质的综合评价体系。

第五节　产业结构优化的测度

一　产业结构高级化的测度方法

产业结构高级化的测度方法主要有两种。第一，选择参照标准进行比较。例如，使用发达国家或地区的产业结构作为衡量一个国家或地区产业结构升级水平的控制标准，主要指标包括标准结构、相似度和距离。使用这些方法的前提是待测国家或地区按照发达国家或地区的演化模式发展。但是，由于不同地区在自然环境、资源条件、经济基础、地理位置等方面存在较大差异，测度方法不可能简单照搬。因此，使用这类方法只能对发展趋势进行粗略的判断。第二，与自身比较，根据不同时期的发展水平来衡量。主要计量指标或方法有 Moore 结构值、产业结构领先系数、产业结构年均变化值、基于劳动生产率、产业结构层次系数、比值法等，其中产业结构领先系数能反映产业结构的变动方向，产业结构年均变化值和 Moore 结构值可以衡量产业结构优化升级的速度，但这些方法不能满足超前值和滞后值之和等于 0 的情况。

（一）Moore 结构值

Moore 结构值计量方法是利用空间向量的原理，利用向量空间中的角度将产业划分为 N 个，得到一组 N 维向量。两个时期的产业结构变动程度是通过两个时期内两组向量之间的夹角来衡量的，称为 Moore 结构变动值，简称 Moore 结构值。

一些学者也从两个方面来衡量产业结构的优化升级。第一，产业结构优化方向，采用结构超前系数；第二，产业结构优化升级的速度，通常用产业结构的年平均变化来表示，也就是一定时期内产业结构年均变化值。

（二）基于劳动生产率

刘伟等（2008）认为，产业结构升级实际上包括比例关系的演进和劳动生产率的内涵。前者代表数量的内涵，后者代表质量的内涵。产业结构高级化可以用不同产业的比例关系进行度量，但其实质是劳动生产率的衡量，所以，可以用产业的比例和劳动生产率的乘积进行测度：$H = \sum V_{it} \times LP_{it}^{N}$。其中，$V_{it}$是 t 时间内产业 i 的产值在 GDP 中所占的比重。$LP_{it}^{N} = \dfrac{LP_{it} - LP_{ib}}{LP_{if} - LP_{ib}}$，$LP_{it} = VA_{it}/L_{i}$，即产业 i 的增加值与就业人数的比值；LP_{it}^{N} 是标准化的产业 i 的劳动生产率（进行国际比较）；LP_{it} 是原始的、直接计算的产业 i 的劳动生产率；LP_{ib}是工业化开始时产业 i 的劳动生产率；LP_{if}是工业化完成时产业 i 的劳动生产率。H 值越高，产业结构越高级。劳动生产率被全要素生产率、资本生产率（工业增加值/资本存量）和增加值率（工业增加值/工业总产值）代替，从而构建出产业结构高级化指标。

（三）产业结构层次系数

靖学青（2005）认为，产业结构高级化是指随着经济的不断增长，产业结构发生规律性变化的过程，它是一个动态化的概念，可以用产业结构层次系数来衡量和描述，其计算公式如下。假设一个

地区有 n 个产业，从高层次到低层次依次排列，产业占比分别记为 $q\ (j)$，则该区域产业结构层次系数为：

$$W = \sum_{i=1}^{n} \sum_{j=1}^{i} q(j) \tag{3-1}$$

式（3-1）中，W 越大说明该区域产业结构层次系数越大，即产业结构高级化水平越高。产业结构层次系数的值和意义主要是比较不同地区、不同时期的产业结构升级程度。

（四）产业结构领先系数

对第一产业部门生产总值的贡献度赋值为 1，对第二产业部门生产总值的贡献度赋值为 2，对第三产业部门生产总值的贡献度赋值为 3，产业结构领先系数具体计算公式如下：

$$H = \sum \frac{Y_i}{Y} i = \frac{Y_1}{Y} \times 1 + \frac{Y_2}{Y} \times 2 + \frac{Y_3}{Y} \times 3 \tag{3-2}$$

其中，Y_i/Y 为第 i 产业的生产总值占比，H 取值范围为 1～3。如果 H 值接近或等于 1，则表示产业结构高级化水平低；如果 H 值接近或等于 3，则表示产业结构高级化水平高。

（五）比值法

干春晖等（2011）采用第三产业产值与第二产业产值之比测度，以反映经济服务化的发展趋势。通过研究表明，比值法与 Moore 结构值、基于劳动生产率等测度方法效果差异并不明显。后面采用较为直观的比值法作为产业结构高级化的测度方法。

二　产业结构合理化的测度方法

苏东水（2002）提出了三种衡量产业结构合理化的标准，即常用的需求基准、国际基准和产业间比例平衡基准，但三类基准均存在一定的缺陷。要判断产业结构的合理化，需求基准必须处于正常的需求状态；国际基准缺乏考虑各国经济基础条件和发展环境的差异；产业间比例平衡基准缺乏经济非均衡增长对产业间比例正效应的考虑。事实上，由于地区间的异质性，不同地区的产业结构往往具有不同的特点或巨大的差异。

（一）结构偏离度法

干春晖等（2011）借鉴泰尔的做法构建结构偏离度公式，如下：

$$E = \sum_{i=1}^{n} \left| \frac{Y_i/L_i}{Y/L} - 1 \right| = \sum_{i=1}^{n} \left| \frac{Y_i/Y}{L_i/L} - 1 \right| \tag{3-3}$$

其中，E 表示产业结构偏离度，Y 表示产值，L 表示就业，i 表示产业，n 表示产业部门数。Y/L 为生产率，Y_i/Y 为产业结构，L_i/L 为就业结构。当经济处于均衡状态时，$E=0$，实现资源最优配置，各产业部门的生产率一致，并均等于总体生产率。事实上，经典假设下的均衡状态并不存在，产业生产率与整体生产率往往会出现偏差，而每一个产业偏差之和等于总的结构偏差。E 值越大，经济越偏离均衡，产业结构的合理化越差。

（二）泰尔指数

产业结构偏离度公式的数据易获得，具有较强的可操作性和实用性，缺陷是将各个产业视作同等，忽略了各产业重要程度的不同。因此，干春晖等（2011）借鉴 Theil 和 Henri（1967）提出的泰尔熵原理，又定义了另一种衡量产业结构合理化的泰尔指数，如下：

$$TL = \sum_{i=1}^{n} \frac{Y_i}{Y} \ln\left(\frac{Y_i/L_i}{Y/L}\right) = \sum_{i=1}^{n} \frac{Y_i}{Y} \ln\left(\frac{Y_i/Y}{L_i/L}\right) \tag{3-4}$$

式（3-4）中，Y_i和 Y 分别表示 i 产业的产值和总产值，L_i和 L 分别表示 i 产业劳动人数和总劳动人数，n 表示产业部门的数量。

$M_i = \dfrac{Y_i/Y}{L_i/L}$代表比较劳动生产率，衡量的是第 i 产业劳动产出弹性的大小。当比较劳动生产率接近 1 时，意味着产业的劳动力和资源得到了充分利用，实现了产业间的协调发展。因此，泰尔指数越接近于 0，产业结构越合理。

该指标不仅考虑了各行业的相对重要性，还避免了绝对值的计算，并且同时保留了结构偏离的理论基础和经济意义。当指标值偏离较大时，说明产业结构较不合理。

（三）相关系数法

伦蕊（2005）认为，产业结构的合理化不仅受外部影响，还取决于自身对生产要素的配置能力。产业结构资源自发组织与协调的动力主要取决于边际投资收益率与新增投资额增长率之间的相关性（R_{XY}）：

$$R_{XY} = \frac{\sum_{i=1}^{n}(X_i - \overline{X})(Y_i - \overline{Y})}{\sqrt{\sum_{i=1}^{n}(X_i - \overline{X})^2}\sqrt{\sum_{i=1}^{n}(Y_i - \overline{Y})^2}} \quad (3-5)$$

其中，X_i代表第 i 年的边际投资收益率，其计算方法为 i 年新增利润额/i 年新增固定资产投资额；Y_i代表 i 年投资额增长率，其计算方法为 i 年新增固定资产投资额/i−1 年固定资产投资额。

R_{XY}值较低，二者的相关性较低，说明产业结构的自组织性和协调性较低，部门内要素资源从低效产业流向高效产业的流动性较低，产业结构较不合理；如果二者的相关性较高，则产业结构的自组织性和协调性较高，要素资源向高效产业的流动性较高，产业结构合理化水平相对较高。这种方法的缺点是不容易获得微观数据。同时，回归系数只是一种比较估计，存在高估或低估的偏差，不能作为对某一指标的直接度量。

（四）就业-产业结构协同系数

就业与产业结构之间的协同系数 R 可以衡量生产要素的流动能力，以及生产要素在产业部门间配置的合理程度和协同程度，指标构成如下：

$$R=\frac{\sum_{i=1}^{n}\left(\frac{Y_i}{Y}\right)\left(\frac{L_i}{L}\right)}{\sqrt{\sum_{i=1}^{n}\left(\frac{Y_i}{Y}\right)^2}\sqrt{\sum_{i=1}^{n}\left(\frac{L_i}{L}\right)^2}} \tag{3-6}$$

其中，L_i/L 为 i 部门的就业量占总就业量的比重，Y_i/Y 为 i 部门产出占国内生产总值的比重。R 取值范围在 0 和 1 之间，R 越接近 1，说明经济体的就业结构变动与产业结构变动协同程度越高，产业结构合理化水平越高。

根据研究实际，本书拟采用指标衡量欠发达地区产业结构高级化、合理化的动态演变规则，实证检验其影响因素，以探究产业结构高级化、合理化发展的路径。由于比值法在测度产业结构高级化中较为常用，本书以第三产业产值与第二产业产值之比作为衡量产业结构高级化的指标；产业结构合理化以就业-产业结构协同系数作为衡量指标。

第六节　理论研究框架

本书研究主线有两条。第一条线是生态（资源和环境）约束对绿色增长的影响关系研究，有两个方面。一是直接影响关系研究，则对环境库兹涅茨曲线进行再验证，由于生态约束和绿色增长两变量存在空间溢出效应，因此选用空间效应模型。二是生态（资源和环境）约束对绿色增长的间接影响关系研究，利用中介效应模型验证产业结构是生态约束影响绿色增长的传导中介。再进一步对生态约束的传导机制进行检验，以探究生态约束与绿色增长之间的关系曲线体现为“U 形”左侧部分的成因，通过对内生变量、技术创新、外生变量三类作用渠道进行回归分析，验证生态约束对三类变量产生“挤出效应”影响绿色增长的机制。同时，利用门限效应模型探究形成“U 形”曲线拐点的原因。第二条线是基于上述理论研究框架模型的结论，进一步进行综合预测和提出发展路径建议。建立综合集成预测模型，对欠发达地区未来几年的生态约束和绿色增长指标进行预测，并为该地区的产业政策调整提供决策参考意见；基于欠发达地区资源承载力，提出在可持续发展的要求下，欠发达地区三次产业发展的路径调整策略。最终形成如图 3-2 所示的理论研究框架模型。

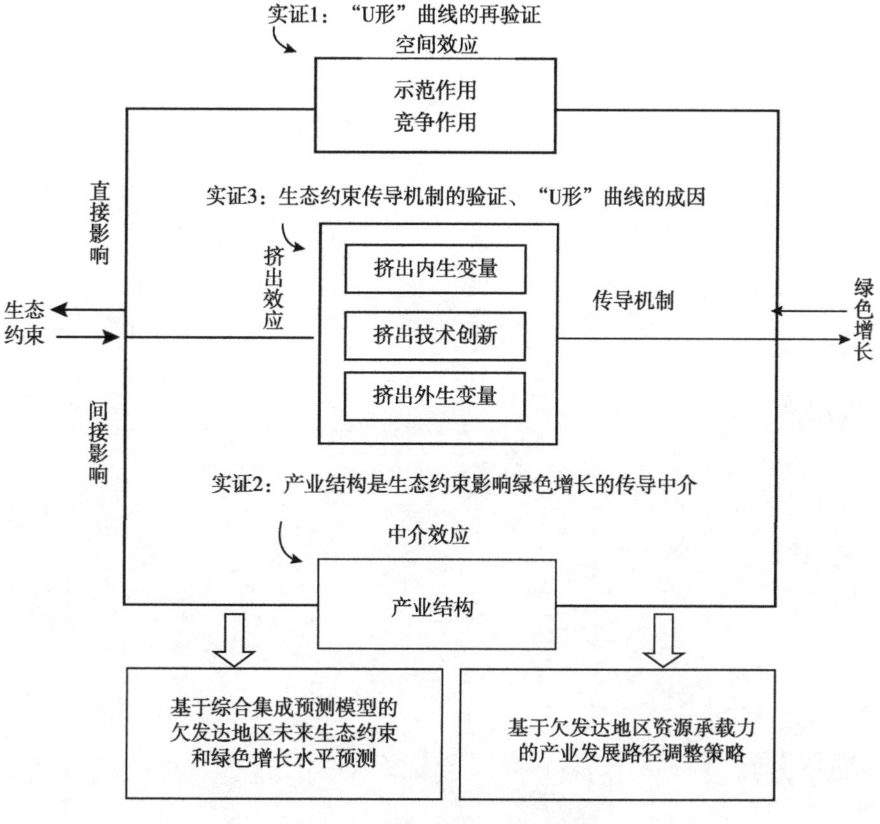

图 3-2　理论研究框架模型

根据图 3-2，形成了如下分析框架。第一条线为欠发达地区生态约束与绿色增长关系的研究：实证 1，通过“U 形”曲线存在性的再检验，验证生态约束与绿色增长之间的关系曲线体现为“U 形”的左侧部分；实证 2，通过中介效应模型检验，验证产业结构是生态约束影响绿色增长的传导中介；实证 3，通过挤出效应和门限效应分析，对生态约束的传导机制、关系曲线体现为“U 形”左侧部分和拐点的成因进行验证。第二条线为基于综合集成预测模型的欠发达地区未来生态约束和绿色增长水平预测、基于欠发达地区资源承载力的产业发展路径调整策略。

第四章　欠发达地区生态约束、产业结构、绿色增长的现状

本书第三章对生态约束与经济增长、产业结构与绿色增长的关系做出了初步分析，并给出生态约束、绿色增长与产业结构优化的测度方法。本章将进一步探索欠发达地区产业经济发展的内在规律。首先，通过构建指标体系，对欠发达地区生态约束、绿色增长和产业结构优化的水平进行测度。其次，将欠发达地区的经济指标与全国及发达地区进行比较，分析欠发达地区存在的问题。本章是后续实证研究的前提。

第一节　欠发达 7 个省区生态约束水平评价

一　评价方法

资源、环境既是经济发展的内生变量，也是制约经济发展规模和速度的重要因素。随着全球资源不足和环境污染问题的日益严重，部分学者开始关注环境污染对经济增长的影响。目前国内外对于生态约束的评价主要围绕两个主要目标：减少自然资源的消耗、减轻对生态环境的影响。刘易斯（2015）在《经济增长理论》一书中提到 GDP 的增长主要取决于可利用的资源要素和人的行为两个方面。本书基于刘易斯的观点，人类的生产活动受到自然资源和生态环境的限制，自然资源的限制主要体现在可以利用的自然资源，生态环境的限制则主要体现在对生态环境的破坏程度和生态环境的承载力。

能源消耗强度一方面反映了生产和生活过程中投入的自然资源，另一方面其投入结果与生态环境的影响程度直接相关。因此，本书采用能源消耗强度，即单位 GDP 的能源消费量作为生态约束的衡量指标，计算方法为：EN=能源消费总量/GDP。

二 结果分析[①]

从全国各省份的能源消耗强度来看，2019 年能源消耗强度整体降低；从分布情况来看，2000 年能源消耗强度区域差异明显，而 2019 年区域差异减小。从整体来看，东南部沿海地区的能源消耗强度较低，欠发达地区的能源消耗强度在四个程度中基本位于最高和次高程度。

第二节 欠发达 7 个省区绿色增长水平评价

经济合作与发展组织（OECD）对“绿色增长”的定义是，确保自然资产能够在促进经济增长和发展的同时，不断为增进人类福祉提供必要的资源和环境服务。本书将采用 DEA 框架下可用来处理非期望产出的 Malmquist-Luenberger（ML）生产率指数测度全国 30 个省区市（不含港澳台地区和西藏）历年的绿色全要素生产率，以此对比评估欠发达地区绿色增长水平和变化趋势。

一 评价方法

（一）模型选择

传统的全要素生产率模型无法处理非期望产出的问题，如汤氏（Tornqvist）数量指数和费雪（Fisher）指数均存在这个问题。Chambers 等（1996）提出了非径向的新思路——SBM（Slack-Based Measurement）方向性距离函数，可以处理投入与产出同时变化的情

---

① 受篇幅所限，结果未展示，留存备索。

况。方向性距离函数是在 Luenberger（1992）利润函数的基础上，对 Shephard 产出距离函数的一般化，在此基础上，构造了 Malmquist-Luenberger（ML）生产率指数来处理非期望产出。

本书试图从以下两个方面对现有文献研究进行拓展。第一，为了避免径向解、角度解和不可行解的问题，本书将全局技术和非径向方向性距离函数相结合。从强度角度，将自然资源作为生产要素投入的一部分，将污染物排放等环境因素视为其中的产出条件，采用面板数据，本书构建了一个包含所有投入使用效率和污染物排放效率的“绿色全要素生产率”模型来衡量不同地区环境生产效率的发展水平。第二，对加入了自然资源和环境影响因素的全要素生产率增长进行实证研究。

（二）方法介绍

本书选取可以处理非期望产出、投入产出变量松弛性以及非径向、非角度的 Malmquist-Luenberger 生产率指数进行研究，把自然资源作为投入要素、将污染物排放作为“非期望产出”纳入模型，构建一个同时包含“非期望产出”和“期望产出”的生产可能性集的全局非径向 DEA（DEA-Global-Malmquist）模型。

将各个省份作为独立的决策单元，假设决策单元为 DMU_i（$i=1, 2, \cdots, I$），每个决策单元使用 N 种资源投入 $x=(x_1, x_2, \cdots, x_N) \in R_N^+$，生产 M 种“期望产出” $y=(y_1, y_2, \cdots, y_M) \in R_M^+$，以及排放 I 种“非期望产出” $b=(b_1, b_2, \cdots, b_I) \in R_I^+$，$(x, y, b)$ 描述一个决策单元的投入产出。构建的生产可能性集为：$P(x)=\{(y, b): x$ 可生产 $(y, b)\}$，$x \in R_N^+$。

根据 Färe 等（1989）构造的投入和两类产出之间的环境生产技术，假设规模报酬不变，$P(x)$ 满足如下假设。①它是一个有界闭集和凸集。②期望产出和投入是强可处置性的。如果 $x_1 \geqslant x_2$，那么 $P(x_2) \in P(x_1)$；如果 $(y_1, b) \in P(x)$ 且 $y_1 \geqslant y_2$，那么 $(y_2, b) \in P(x)$，则在一定投入的条件下，期望产出减少在技术上是可实现的。③非期望产出是联合弱可处置性的。如果（y, b）$\in P$（x）且 $0\leqslant\theta\leqslant 1$，那么（$\theta_y$, θ_b）$\in P$（x）。该假设表明在生产可能性集中，非期望产出往往伴随着期望产出。要减少非期望产出，就必须减少期望产出，即在生产过程或经济活动中，想要减少污染物的排放，就会带来期望产出 GDP 的减少。④零结合定理。如果（y, b）$\in P$（x）且 $b=0$，那么 $y=0$。此假设意味着，仅在非期望产出为 0 的前提下，期望产出才可能为 0。如果没有非期望产出，则不可能有期望产出，即期望产出是伴随着非期望产出的产生而产生的。如果生产过程符合零结合定理，即表明生产就不可避免地产生污染物排放。

假设在每一个时期 $t=1$, 2, …, T，第 $k=1$, 2, …, K 个欠发达地区的投入和产出值分别为 $x^{k,t}$，$y^{k,t}$，$b^{k,t}$，总共有 $n=1$, 2, …, N 种要素投入，$m=1$, 2, …, M 种期望产出，$i=1$, 2, …, I 种非期望产出，数据包络分析（DEA）可以用来构造一套能够满足上述特性的环境技术：

$$
\begin{aligned}
P^t(x^t) = \{(y^t, b^t): \sum_{k=1}^{K} z_k^t y_{km}^t \geqslant y_m^t, m = 1,2,\cdots,M; \\
\sum_{k=1}^{K} z_k^t x_{kn}^t \leqslant x_n^t, n = 1,2,\cdots,N; \\
\sum_{k=1}^{K} z_k^t b_{ki}^t = b_i^t, i = 1,2,\cdots,I; \\
z_k^t \geqslant 0, k = 1,2,\cdots,K\} \qquad (4-1)
\end{aligned}
$$

该模型中，z_k^t 表示每一个横截面观察值的权重，非负权重变量表明生产技术是规模报酬不变的；期望产出和投入变量的不等式约束意味着期望产出和投入是强可处置性的；非期望产出的等式约束则表示期望产出和非期望产出联合起来是弱可处置性的。为了满足零结合定理，需要对 DEA 模型强调以下条件：

$$
\sum_{k=1}^{K} b_{ki}^t > 0, i = 1,2,\cdots,I \qquad (4-2)
$$

式（4-2）表示每一种非期望产出至少有一个决策单元生产。

$$\sum_{i=1}^{I} b_{ki}^{t} > 0, k = 1,2,\cdots,K \tag{4-3}$$

式（4-3）表示每一个决策单元至少生产一种非期望产出。

1. 非径向方向性距离函数（NDDF）

本书采用了广义非径向方向性距离函数（NDDF），NDDF 的投入产出双向非径向方法可以分别设置各因子的松弛向量，并允许各因子的增减方向和比例不同，弥补了径向法（DDF）中投入产出比例变化相同的缺陷。NDDF 定义为：

$$\overrightarrow{ND^{G}}(x,y,b;g_x,g_y,g_b) = \sup\{\omega^{T}\beta:(x - \beta_x g_x, y + \beta_y g_y, b - \beta_b g_b) + \beta_g \in P(x)\} \tag{4-4}$$

其中，$\omega^{T}=(\omega_x,\ \omega_y,\ \omega_b)^{T}$ 为权重向量，表示各要素的相对重要性。本书假设投入、期望产出和非期望产出的权重均为 1/3，模型的投入为固定资本存量、全社会从业人员数、能源消费总量三个要素，期望产出为实际 GDP，非期望产出为 SO_2 和 COD，则权重向量 $\omega^{T}=(1/9,\ 1/9,\ 1/9,\ 1/3,\ 1/6,\ 1/6)^{T}$，$\beta=(\beta_x,\ \beta_y,\ \beta_b)^{T}\geqslant 0$ 为松弛变量，表示要素变动的比例；$g=(g_x,\ g_y,\ g_b)$ 为产出扩张的方向向量，表示各要素变化的方向，本书选取 $g=(-x,\ y,\ -b)$，这意味着当投入 x 减少时，期望产出 y 成比例增加，非期望产出 b 成比例减少，即压缩投入，增加期望产出，控制非期望产出的最大可能个数。非径向方向性距离函数可以将减少投入、增加 GDP 和节能减排三个条件同时纳入分析框架。

2. 全局非径向方向性距离函数（GNDDF）

由于现有文献中常用的 ML 生产率指数可能出现无解线性规划问题，并且不具有几何平均形式的循环性和传递性。Zhou 等（2012）和 Pastor 等（2011）的研究成果表明，全局技术生产前沿构造法避免了无解线性规划问题，具有循环累加的性质。将 Global Malmquist 生产率概念和方向性距离函数相结合，构建 ML 生产率指数的替代方法，即 Global Non-radial Directional Distance Function（GNDDF）。

通过构建以下线性规划来求解 GNDDF：

$$
\begin{aligned}
\overrightarrow{ND^{G}}(K,L,E,Y,C,S;g) = \operatorname{Max}(&\omega_K \beta_K^{Gt} + \omega_L \beta_L^{Gt} + \omega_E \beta_E^{Gt} + \omega_Y \beta_Y^{Gt} + \\
&\omega_C \beta_C^{Gt} + \omega_S \beta_S^{Gt}) \\
\text{s. t.} \sum_{hj=1}^{J}\sum_{ht=1}^{T} z_j^t Y_j^t \geqslant (1+\beta_Y^{Gt}) Y_j^t, &\sum_{hj=1}^{J}\sum_{ht=1}^{T} z_j^t K_j^t \leqslant (1-\beta_K^{Gt}) K_j^t, \\
\sum_{hj=1}^{J}\sum_{ht=1}^{T} z_j^t L_j^t \leqslant (1-\beta_L^{Gt}) L_j^t, &\sum_{hj=1}^{J}\sum_{ht=1}^{T} z_j^t E_j^t \leqslant (1-\beta_E^{Gt}) E_j^t, \\
\sum_{hj=1}^{J}\sum_{ht=1}^{T} z_j^t C_j^t \geqslant (1-\beta_C^{Gt}) C_j^t, &\sum_{hj=1}^{J}\sum_{ht=1}^{T} z_j^t S_j^t \leqslant (1-\beta_S^{Gt}) S_j^t, \\
z_j^t \geqslant 0; j = 1,2,\cdots,J; \beta_K^{Gt} \geqslant 0, &\beta_L^{Gt} \geqslant 0, \beta_E^{Gt} \geqslant 0, \beta_Y^{Gt} \geqslant 0, \\
&\beta_C^{Gt} \geqslant 0, \beta_S^{Gt} \geqslant 0
\end{aligned}
\tag{4-5}
$$

同理，可分别构建 t、$t+1$ 期全局非径向方向性距离函数，并通过求解得到四种距离函数值。GNDDF 指数可进一步分解为全局技术效率指数（GNDDFEC）和全局技术进步指数（GNDDFTC）两部分。

$$
\begin{aligned}
GNDDF^{t,t+1} &= \frac{1+\overrightarrow{D_0^{G}}(x^t,y^t,b^t;g_{x^t},g_{y^t},g_{b^t})}{1+\overrightarrow{D_0^{G}}(x^{t+1},y^{t+1},b^{t+1};g_{x^{t+1}},g_{y^{t+1}},g_{b^{t+1}})} \\
&= \frac{1+\overrightarrow{D_0^{t}}(x^t,y^t,b^t;g_{x^t},g_{y^t},g_{b^t})}{1+\overrightarrow{D_0^{t+1}}(x^{t+1},y^{t+1},b^{t+1};g_{x^{t+1}},g_{y^{t+1}},g_{b^{t+1}})} \times \\
&\quad \frac{\dfrac{1+\overrightarrow{D_0^{G}}(x^t,y^t,b^t;g_{x^t},g_{y^t},g_{b^t})}{1+\overrightarrow{D_0^{t}}(x^t,y^t,b^t;g_{x^t},g_{y^t},g_{b^t})}}{\dfrac{1+\overrightarrow{D_0^{G}}(x^{t+1},y^{t+1},b^{t+1};g_{x^{t+1}},g_{y^{t+1}},g_{b^{t+1}})}{1+\overrightarrow{D_0^{t+1}}(x^{t+1},y^{t+1},b^{t+1};g_{x^{t+1}},g_{y^{t+1}},g_{b^{t+1}})}} \\
&= GNDDFEC^{t,t+1} \times GNDDFTC^{t,t+1}
\end{aligned}
\tag{4-6}
$$

全局技术效率指数（GNDDFEC）衡量环境生产前沿从 t 期到 $t+1$ 期的移动，而全局技术进步指数（GNDDFTC）衡量的是各决策单元实际生产与环境生产前沿最大可能产出之间的贴近度从 t 期到 $t+1$ 期的变化，全局技术效率指数（GNDDFEC）和全局技术进步指数（GNDDFTC）均大于0，表示技术效率的提高和技术的进步。如果它们小于0，则相反；如果它们等于0，则保持不变。

二　指标选取与数据来源

本书选取2000~2019年全国30个省区市（不含港澳台地区和西藏）作为研究样本，投入指标包括资本投入、劳动投入和资源投入，产出指标包括期望产出和非期望产出。数据来源于中国国家能源数据库（EDBC）、中国环境数据库、《中国能源统计年鉴》、《中国环境统计年鉴》、《新中国六十年统计资料汇编》和国家统计局网站。

考虑自然资源消耗和环境影响因素后，欠发达地区的生产函数可以表示为：$(Y_a, Y_b) = F(K, L, N)$。

其中，K 代表资本投入，L 代表劳动投入，N 代表资源投入，Y_a 代表期望产出，Y_b 代表非期望产出。

资本投入：在已有文献的生产函数中几乎都选用“固定资本存量”指标作为资本投入的替代指标，本书也采用固定资本存量（亿元）作为资本投入的代理变量。参照大多数文献的做法，使用Goldsmith在1951年提出的永续盘存法进行测算，如式（4-7）所示：

$$K_{it} = K_{it-1}(1 - \delta_{it}) + I_{it} \tag{4-7}$$

其中，i 代表第 i 个地区，t 代表时间，即第 t 年，K 代表固定资本存量，I 代表投资额，δ 代表资本折旧率。假设存在一个基期 K_0，将式（4-7）进行迭代计算，则式（4-7）可以写成式（4-8）的形式：

$$K_{it} = \sum_{k=1}^{t} I_{it}(1 - \delta_{it})^{1-k} + K_0(1 - \delta_{0t})^t \qquad (4-8)$$

根据张军等（2004）的算法，基期固定资本存量的计算方式是1978年固定资本形成总额除以10%，即该省区市的初始资本存量，资本折旧率为9.6%。

劳动投入：从理论上讲，劳动投入的测算应该以全社会工作者的劳动量之和，再以劳动者人数乘以平均劳动时间为基础。由于数据的可得性，我国几乎所有的实证研究都以劳动者数量作为劳动投入的代表。本书亦以全社会从业人员数（万人）作为劳动投入的代理变量。

资源投入：能源的大规模使用是引起污染的主要原因，目前能源消耗主要由煤炭、石油、天然气构成，本书选择能源消费总量（万吨标准煤）作为资源投入的指标。

期望产出：参考现有研究文献的一般做法，本书选取各省区市实际GDP（亿元）作为期望产出，并用GDP平减指数将欠发达7个省区历年名义GDP换算为1978年实际GDP作为基期的期望产出。

非期望产出：目前，环境污染主要来自工业，工业生产与经济发展过程密切相关。工业生产排放的二氧化硫（SO_2）和化学需氧量（COD）已成为大气污染和水污染的主要污染物，也是世界各国密切监测和节能减排的重点。“十一五”期间，SO_2和COD被列入污染减排目标，两项指标明显好于“三废”排放。因此，本书以工业产生的SO_2排放量（万吨）及COD排放量（万吨）来衡量非期望产出。

2000~2019年我国30个省区市所有变量及相应的描述性统计如表4-1所示。

三　测度结果

为了对比地区差异，根据上述的研究方法和数据，运用DEAP 2.1软件对全国30个省区市的全局非径向方向性距离函数进行了测

表 4-1　2000~2019 年我国 30 个省区市变量的描述性统计

区域	类别	变量符号	变量名称	单位	平均值	标准差	最大值	最小值
贵州、甘肃、云南、内蒙古、陕西、四川、广西	投入	*K*	固定资本存量	亿元	5393.70	5238.17	26644.81	530.93
		L	全社会从业人员数	万人	2411.60	1103.40	4872.00	1005.20
		E	能源消费总量	万吨标准煤	9039.11	4910.85	20874.00	2669.00
	产出	*Y*	实际 GDP	亿元	1141.52	965.01	4864.54	135.48
		*P*1	COD 排放量	万吨	16.66	16.75	75.77	0.10
		*P*2	SO_2排放量	万吨	69.23	27.69	138.36	0.19
全国	投入	*K*	固定资本存量	亿元	7592.40	8974.13	68956.51	216.21
		L	全社会从业人员数	万人	2520.77	1673.75	6766.86	275.50
		E	能源消费总量	万吨标准煤	11042.59	7846.58	38899.25	479.95
	产出	*Y*	实际 GDP	亿元	13189.23	14244.49	86954.04	259.74
		*P*1	COD 排放量	万吨	1805.00	8803.06	86954.04	0.10
		*P*2	SO_2排放量	万吨	59.86	37.61	171.54	0.18

度。2000~2019年的数据可计算出2001~2019年的绿色全要素生产率，并将欠发达7个省区的结果与全国、分地区进行对比，结果见表4-2。

（1）根据表4-2的结果，2001~2019年，欠发达地区的平均绿色全要素生产率为1.01，明显低于全国和中部、东部地区的平均水平（1.02），但已达到效率的前沿面。

（2）从发展趋势来看，欠发达地区绿色全要素生产率呈波动提升的趋势，从2002年最低0.99提升到2015年的1.04，并保持了三年。从绿色全要素生产率的构成来看，技术效率的提升不明显，主要依靠技术进步带动节能减排和全要素生产率的提升。长期来看，欠发达地区绿色全要素生产率大多数年份落后于全国和东部地区。

（3）分阶段来看，从“十五”至“十二五”时期，欠发达地区绿色全要素生产率基本呈现阶梯式的提升。

“十五”期间，欠发达地区绿色全要素生产率仍然在较低的水平，这一时期技术进步最弱，以技术效率提升为主。欠发达地区存在农民收入增长缓慢、经济增长方式粗放、生态环境恶化、经济发展差距拉大、绿色全要素生产率低等问题。由于“九五”期间发生金融危机和通货紧缩，又叠加重大自然灾害等，农业发展受到较大影响。进入“十五”后，欠发达地区耕地和粮食种植面积不断减少，粮食储备不断减少，畜产品价格不断上涨。国家农业政策的主要目标是保持粮食增长和增加农民收入。这一时期，资源短缺、生产资料价格暴涨、煤电油运短缺等问题更加突出。与东部、中部等发达地区相比，欠发达地区工业化落后，经济增长粗放，增长方式依赖高投入、高能耗、重污染的产业，高技术含量的先进制造业和低能耗的信息产业、服务业对经济增长的贡献率较低。因此，各行业技术进步贡献不足，绿色全要素生产率较低。

表 4-2　2001~2019 年绿色全要素生产率

年份	欠发达地区			西部地区			中部地区			东部地区			全国		
	全要素生产率指数 GNDDF	全局技术效率指数 GNDDFEC	全局技术进步指数 GNDDFTC	全要素生产率指数 GNDDF	全局技术效率指数 GNDDFEC	全局技术进步指数 GNDDFTC	全要素生产率指数 GNDDF	全局技术效率指数 GNDDFEC	全局技术进步指数 GNDDFTC	全要素生产率指数 GNDDF	全局技术效率指数 GNDDFEC	全局技术进步指数 GNDDFTC	全要素生产率指数 GNDDF	全局技术效率指数 GNDDFEC	全局技术进步指数 GNDDFTC
2001	1.00	0.99	1.01	1.00	1.00	1.00	1.01	0.99	1.02	1.03	1.00	1.02	1.02	1.00	1.02
2002	0.99	1.03	0.96	1.00	1.08	0.93	0.99	1.04	0.96	0.99	1.00	0.99	0.99	1.02	0.97
2003	0.99	1.00	0.99	0.99	1.02	0.98	1.00	1.00	0.99	1.01	1.00	1.01	1.00	1.00	1.00
2004	0.99	1.00	0.99	0.99	1.01	0.98	1.00	1.02	0.98	0.99	1.01	0.98	0.99	1.01	0.98
2005	1.00	1.06	0.94	0.99	1.02	0.97	1.00	1.02	0.98	1.00	1.00	1.00	1.00	1.01	0.99
2006	1.00	1.02	0.99	1.00	1.00	1.00	1.00	1.02	0.99	1.01	1.00	1.01	1.01	1.01	1.00
2007	1.00	1.01	0.99	1.00	1.00	1.00	1.00	1.02	0.99	1.01	1.00	1.01	1.01	1.00	1.00
2008	1.01	1.01	1.00	1.00	1.00	1.00	1.01	1.01	1.00	1.02	1.01	1.02	1.02	1.01	1.01
2009	1.01	1.00	1.01	1.01	0.99	1.02	1.01	1.02	1.00	1.02	1.00	1.02	1.02	1.00	1.01
2010	1.01	0.98	1.03	1.03	1.00	1.04	1.01	1.01	1.00	1.02	1.00	1.02	1.02	1.00	1.02
2011	1.00	0.98	1.02	1.01	0.99	1.02	1.01	1.01	1.01	1.01	1.02	0.99	1.01	1.01	1.00
2012	1.01	1.01	1.00	1.02	1.00	1.03	1.02	1.01	1.01	1.02	1.00	1.02	1.02	1.00	1.02
2013	1.03	1.02	1.01	1.03	1.01	1.02	1.05	1.02	1.03	1.03	0.99	1.04	1.03	1.00	1.03
2014	1.02	1.01	1.01	1.02	1.00	1.02	1.03	1.00	1.03	1.03	1.00	1.03	1.03	1.00	1.03
2015	1.04	1.02	1.02	1.03	1.00	1.02	1.04	1.02	1.02	1.03	1.00	1.03	1.03	1.01	1.03
2016	1.04	1.01	1.02	1.09	1.05	1.03	1.05	1.01	1.04	1.04	1.00	1.04	1.06	1.02	1.04
2017	1.04	0.91	1.14	0.98	0.91	1.07	1.05	0.96	1.10	1.06	1.03	1.04	1.04	0.98	1.06
2018	1.03	0.99	1.10	1.00	0.98	1.06	1.04	0.99	1.05	1.05	1.01	1.03	1.04	1.00	1.04
2019	1.04	0.97	1.09	1.02	0.98	1.06	1.05	0.98	1.06	1.05	1.01	1.04	1.04	1.00	1.05
平均值	1.01	1.00	1.01	1.01	1.00	1.01	1.02	1.01	1.01	1.02	1.00	1.02	1.02	1.00	1.01

“十一五”期间，欠发达地区的绿色全要素生产率有所回升，技术进步对绿色全要素生产率的带动力有所加强。这是由于国家首次对主要污染物减排设立约束性指标，并连续出台了多项鼓励发展循环农业和生态农业、强调重视农业面源污染治理的措施，促进了农业生产技术进步和工业生产的节能减排，有效拉动了绿色全要素生产率的提升。

“十二五”期间，欠发达地区的绿色全要素生产率有了较大的增长，技术效率提升和技术进步对绿色全要素生产率的改善效果明显。这一时期，欠发达地区农业发展方式转型有了积极进展，发展方式粗放、资源消耗过大、“三高”（高排放、高污染、高消耗）等问题有了一定的改善。由于耕地面积减少、淡水紧缺的问题依然存在，农业资源接近承载力的上限，而农业基础设施普遍落后，政策激励效应又相应减弱，欠发达地区农业发展对科技的依赖程度越来越高。欠发达地区工业发展基础薄弱的问题有所改善，在国家加大扶贫工程建设、突出集中连片地区的扶贫政策下，承接了部分东部、中部地区的劳动密集型产业转移，加快了工业化的进程。

（4）综上分析，欠发达地区绿色全要素生产率偏低，库兹涅茨效应仍有较大的潜力可以释放。2000~2019年，欠发达地区绿色增长水平滞后于东部、中部发达地区，但总体呈提升的趋势。欠发达地区与发达地区在技术上存在差距，因此能够通过技术转移，提高技术进步对绿色全要素生产率的贡献。但欠发达地区自主创新不足，对技术进步的依赖程度越来越高，各行业的技术效率贡献仍然不足。

为了从时间和空间分布的角度衡量欠发达地区的绿色增长水平，并与全国水平进行比较，本书绘制了绿色增长行政区划图。[①]

对比分析2001年和2019年的情况，整体的绿色增长水平呈现上升的趋势。2001年，绿色增长呈现明显的区域差异，其中东部、

① 受篇幅所限，结果未展示，留存备案。

中部地区的水平高于西部和欠发达地区。2019 年，区域划分差异不明显，东部、中部地区绿色增长水平均有高有低。

第三节　欠发达 7 个省区产业结构高级化水平评价

产业结构高级化是指随着经济发展水平的提高，由低层次的产业结构向高层次的产业结构演进的过程。产业结构高级化主要体现在产业结构重心由第一、第二产业逐步向第三产业转移的过程，即第一、第二产业占 GDP 的比重逐步下降，第三产业占 GDP 的比重逐步提高。

一　评价方法

根据克拉克定律，此前的多数研究采用非农业产值占 GDP 的比重作为产业结构高级化水平的度量指标。本书采用第三产业产值/第二产业产值来测度产业结构高级化水平（干春晖等，2011），以反映经济服务化的发展趋势。产业结构高级化水平 *TS* 的具体计算公式为：

$$TS = \text{第三产业产值} / \text{第二产业产值} \tag{4-9}$$

二　指标选取与数据来源

本书选取 2000~2019 年全国 31 个省区市（不含港澳台地区）的 GDP 测度产业结构高级化水平。数据来源于《中国统计年鉴》（2000~2019 年）。

三　测度结果

本书利用式（4-9）测算 2000~2019 年欠发达 7 个省区的产业结构高级化水平，并与全国、东部、中部、西部进行比较，结果如表 4-3、表 4-4、图 4-1、图 4-2 所示。

根据表 4-3、图 4-1 的结果，从总体趋势看，2000~2019 年，全国、东部地区产业结构高级化水平呈现上升的趋势，全国平均水平从0.89提升至1.37；欠发达地区（贵州、甘肃、云南、内蒙古、陕西、四川、广西7个省区）产业结构高级化水平总体呈现先下降后上升的趋势，从1.02下降至最低0.72，而后逐步上升至1.35。2009年之前，欠发达地区产业结构高级化水平高于全国，此后落后于全国的平均水平；与西部地区相比，两者均总体呈现先下降后上升的趋势，但欠发达地区的水平大多数年份高于西部地区的水平，说明欠发达地区的产业结构高级化水平对西部地区产业结构高级化水平的提升起主要作用。欠发达地区与全国、东部地区产业结构高级化水平的发展趋势比较，呈现“剪刀差”的分布状态。

表4-3　2000~2019年全国及各地区产业结构高级化水平评价结果

区域	2000年	2001年	2002年	2003年	2004年	2005年	2006年	2007年	2008年	2009年
全国	0.89	0.92	0.94	0.88	0.84	0.81	0.80	0.81	0.79	0.83
东部	0.88	0.92	0.95	0.89	0.86	0.85	0.86	0.88	0.88	0.94
中部	0.84	0.85	0.86	0.81	0.75	0.71	0.69	0.69	0.67	0.70
西部	1.01	1.05	1.07	1.02	0.95	0.91	0.86	0.83	0.79	0.81
欠发达地区	1.02	1.06	1.07	1.03	0.97	0.92	0.87	0.84	0.81	0.83
区域	2010年	2011年	2012年	2013年	2014年	2015年	2016年	2017年	2018年	2019年
全国	0.80	0.80	0.83	0.91	0.95	1.06	1.15	1.21	1.29	1.37
东部	0.92	0.93	0.97	1.05	1.09	1.19	1.29	1.34	1.36	1.47
中部	0.68	0.67	0.71	0.79	0.84	0.94	1.01	1.06	1.22	1.26
西部	0.73	0.71	0.74	0.82	0.86	0.97	1.05	1.15	1.23	1.35
欠发达地区	0.75	0.72	0.74	0.79	0.83	0.95	1.04	1.16	1.24	1.35

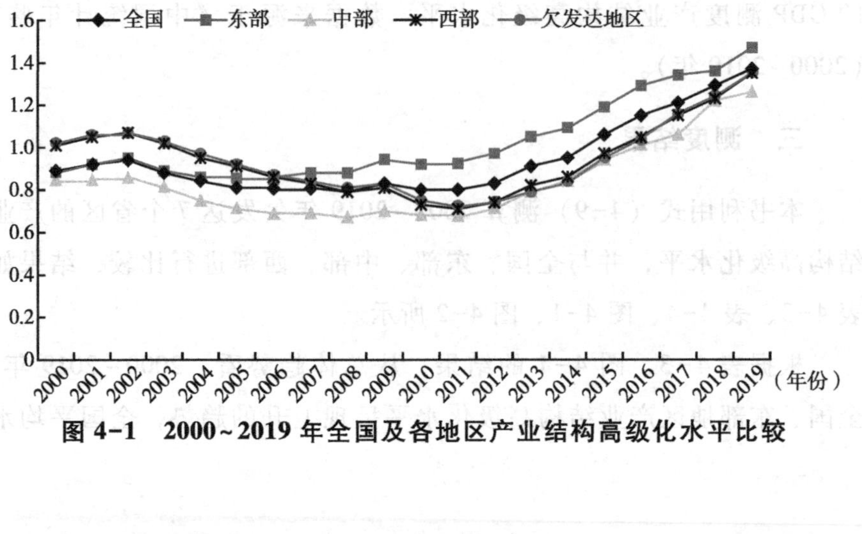

图4-1　2000~2019年全国及各地区产业结构高级化水平比较

表 4-4　2000~2019 年欠发达 7 个省区产业结构高级化水平评价结果

区域	2000 年	2001 年	2002 年	2003 年	2004 年	2005 年	2006 年	2007 年	2008 年	2009 年
贵州	0.94	0.98	1.00	0.98	0.97	0.99	1.02	1.17	1.21	1.28
甘肃	1.04	1.00	1.03	1.03	0.97	0.94	0.86	0.81	0.84	0.89
云南	0.90	0.95	0.98	0.97	0.93	0.96	0.91	0.93	0.90	0.98
内蒙古	1.04	1.07	1.08	1.03	1.02	0.87	0.81	0.77	0.73	0.72
陕西	0.98	0.99	0.96	0.87	0.79	0.79	0.74	0.73	0.70	0.74
四川	1.08	1.11	1.12	1.09	1.01	0.92	0.88	0.83	0.78	0.77
广西	1.08	1.21	1.27	1.20	1.09	1.03	0.98	0.89	0.83	0.86
欠发达地区	1.02	1.06	1.07	1.03	0.97	0.92	0.87	0.84	0.81	0.83
区域	2010 年	2011 年	2012 年	2013 年	2014 年	2015 年	2016 年	2017 年	2018 年	2019 年
贵州	1.21	1.27	1.23	1.16	1.07	1.14	1.13	1.12	1.20	1.39
甘肃	0.77	0.83	0.87	1.00	1.03	1.34	1.47	1.58	1.62	1.68
云南	0.90	0.98	0.96	1.02	1.05	1.13	1.21	1.26	1.21	1.54
内蒙古	0.66	0.62	0.64	0.69	0.77	0.80	0.93	1.26	1.27	1.25
陕西	0.68	0.63	0.62	0.65	0.68	0.81	0.87	0.85	0.86	0.99
四川	0.70	0.64	0.67	0.71	0.79	0.99	1.16	1.28	1.37	1.41
广西	0.75	0.70	0.74	0.81	0.81	0.84	0.88	1.10	1.48	1.52
欠发达地区	0.75	0.72	0.74	0.79	0.83	0.95	1.04	1.16	1.24	1.35

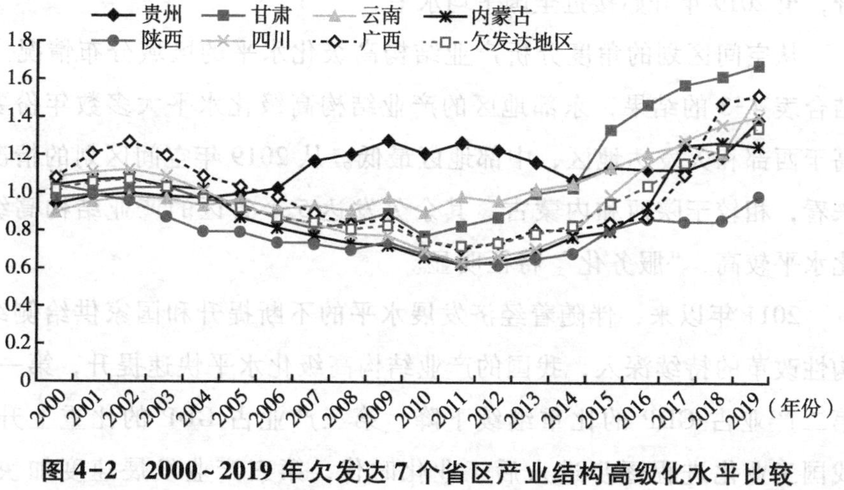

图 4-2　2000~2019 年欠发达 7 个省区产业结构高级化水平比较

根据表4-3、图4-1，欠发达地区产业结构高级化水平的发展趋势与全国、东部不相同，但与中部、西部地区类似，即总体呈现先下降后上升趋势。在下降阶段，欠发达地区产业结构高级化水平总体高于中部、西部地区，上升阶段的差距总体在缩小，主要原因是它们的第二、第三产业增长不均衡。2009年之前，欠发达地区的第二产业发展程度较低，以服务业为主的第三产业GDP高于工业。2000年，欠发达地区第一、第二、第三产业的GDP占比分别是22.4%、38.5%、39.1%，第二产业的占比低于第三产业。2000~2010年，欠发达地区第一、第二、第三产业的GDP分别增长了184.9%、518.2%、354.8%，由于第二产业增长速度快，远快于第三产业，因此，该地区的产业结构高级化水平下降，在2010年跌破全国的平均水平，并在2011年达到0.72的最低水平。2011~2019年，欠发达地区三次产业的增长速度加快，尤其从2016年起第三产业的增长速度超过了第二产业，到2018年欠发达地区第一、第二、第三产业的GDP占比分别达到11.7%、39.5%、48.8%，由于第三产业增长速度赶超了第二产业，第三产业GDP占比有所提升，欠发达地区产业结构高级化水平逐步回升，至2019年开始接近全国平均水平。

从空间区划的角度分析产业结构高级化水平的区域分布情况。[①]结合表4-3的结果，东部地区的产业结构高级化水平大多数年份要高于西部和欠发达地区，中部地区最低。从2019年空间区划的情况来看，相较于陕西和内蒙古，其余欠发达5个省区的产业结构高级化水平较高，“服务化”特征明显。

2011年以来，伴随着经济发展水平的不断提升和国家供给侧结构性改革的持续深入，我国的产业结构高级化水平快速提升，第一、第二产业占GDP的比重继续下降，第三产业占GDP的比重上升。我国工业化进程逐步进入后工业化时代，第三产业发展速度加快。

① 受篇幅所限，结果未展示，留存备索。

在国家改革发展的浪潮中，欠发达地区的第三产业呈现迅速崛起的趋势，带动了产业结构高级化水平的提升。其中，贵州、甘肃、云南、四川、广西5个省区的产业结构高级化水平较高，原因是以上省区第二产业的发展水平相对落后于第三产业，但其第三产业发展水平落后于全国平均水平。

综上分析结果表明，近年欠发达地区产业结构高级化水平提升较快，“服务化”特征明显。欠发达地区产业结构高级化水平的发展趋势与全国、东部不相同，但与中部、西部地区类似，即总体呈现先下降后上升的趋势，并整体落后于全国的平均水平。欠发达地区的产业结构高级化水平的发展趋势与全国、东部地区的发展趋势相比，呈现“剪刀差”的分布状态，主要原因是欠发达地区第二、第三产业的增长速度不均衡。2011~2019年，虽然欠发达地区第二产业GDP占比小，但增长速度较快，导致该地区的产业结构高级化水平下降，此后由于第三产业的增长速度加快且超过了第二产业，使得该地区的产业结构高级化水平回升。总体而言，欠发达地区第三产业GDP占比高，产业结构高级化水平存在一定的空间分异性，但绝大部分欠发达省区的发展趋势相近。

第四节　欠发达7个省区产业结构合理化水平评价

产业结构合理化是指产业间有机联系聚合质量的提高，本书主要采用就业-产业结构协同系数衡量产业结构的合理化水平。

一　评价方法

就业-产业结构协同系数 R 可以衡量不同生产要素的流动性以及生产要素在不同产业部门之间配置的适当程度和协同程度，指标构成如下：

$$R = \frac{\sum_{i=1}^{n}(\frac{Y_i}{Y})(\frac{L_i}{L})}{\sqrt{\sum_{i=1}^{n}\left(\frac{Y_i}{Y}\right)^2}\sqrt{\sum_{i=1}^{n}\left(\frac{L_i}{L}\right)^2}} \tag{4-10}$$

其中，L_i/L 为 i 部门的就业量占总就业量的比重，Y_i/Y 为 i 部门产出占国内生产总值的比重。R 取值范围为 0~1，R 越接近 1，说明经济体的就业结构与产业结构变化的协同效应越强，产业结构合理化水平越高。

二 指标选取与数据来源

本书选取 2000~2019 年全国 31 个省区市（不含港澳台地区）第一、第二、第三产业的 GDP 和就业人数来测度产业结构合理化水平。为了消除价格变动因素的影响，本书采用 GDP 平减指数将名义 GDP 平减为以 2000 年为基期的实际值，相关数据来源于《中国统计年鉴》(2000~2019 年)。

三 测度结果

本书采用式（4-10）测算 2000~2019 年全国及各地区产业结构合理化水平，结果见表 4-5、图 4-3。

表 4-5 2000~2019 年全国及各地区产业结构合理化水平评价结果

区域	2000 年	2001 年	2002 年	2003 年	2004 年	2005 年	2006 年	2007 年	2008 年	2009 年
全国	0.724	0.719	0.726	0.731	0.752	0.759	0.766	0.788	0.798	0.812
东部	0.840	0.847	0.856	0.868	0.888	0.899	0.909	0.926	0.932	0.940
中部	0.739	0.737	0.740	0.739	0.759	0.765	0.766	0.786	0.790	0.803
西部	0.713	0.687	0.688	0.685	0.696	0.684	0.672	0.684	0.686	0.692
欠发达地区	0.719	0.689	0.688	0.679	0.691	0.674	0.666	0.678	0.682	0.682

续表

区域	2010 年	2011 年	2012 年	2013 年	2014 年	2015 年	2016 年	2017 年	2018 年	2019 年
全国	0. 819	0. 830	0. 842	0. 858	0. 867	0. 878	0. 884	0. 887	0. 894	0. 910
东部	0. 947	0. 954	0. 959	0. 963	0. 966	0. 967	0. 968	0. 967	0. 969	0. 970
中部	0. 804	0. 811	0. 829	0. 850	0. 859	0. 874	0. 880	0. 881	0. 892	0. 899
西部	0. 692	0. 698	0. 697	0. 718	0. 737	0. 759	0. 774	0. 788	0. 801	0. 818
欠发达地区	0. 682	0. 689	0. 681	0. 697	0. 717	0. 740	0. 756	0. 771	0. 783	0. 801

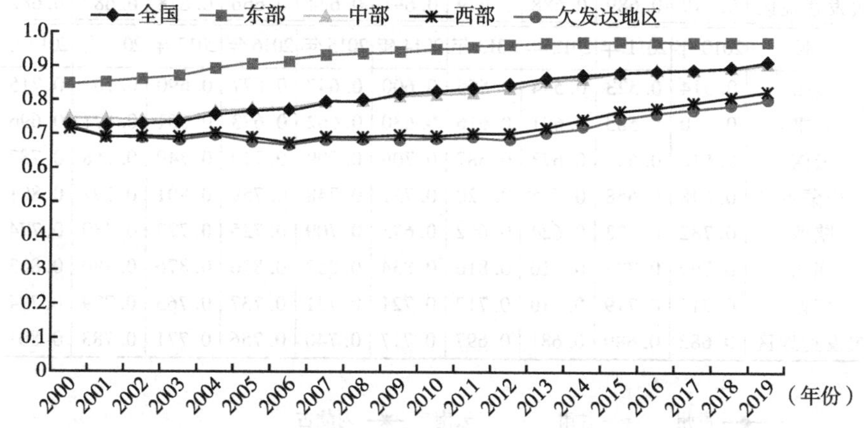

图 4-3　2000~2019 年全国及各地区产业结构合理化水平比较

由表 4-5、图 4-3 可知，2000~2019 年，全国的产业结构合理化水平总体呈上升的趋势，产业结构合理化水平从 0.724 上升到 0.910，合理化程度向好。东部地区产业结构合理化水平一直领先于全国整体水平，但 2012 年以后其增长幅度放缓，不如全国水平的增幅大。2012 年以后，中部、西区地区的产业结构合理化水平提升速度加快，开始缩小与东部的差距，从而拉升了全国产业结构合理化水平。

本书采用式（4-10）测算 2000~2019 年欠发达 7 个省区产业结构合理化水平，结果见表 4-6、图 4-4。

表 4-6　2000~2019 年欠发达 7 个省区产业结构合理化水平评价结果

区域	2000 年	2001 年	2002 年	2003 年	2004 年	2005 年	2006 年	2007 年	2008 年	2009 年
贵州	0.688	0.547	0.529	0.525	0.520	0.509	0.499	0.505	0.493	0.496
甘肃	0.686	0.687	0.677	0.674	0.677	0.597	0.580	0.578	0.587	0.596
云南	0.570	0.564	0.556	0.551	0.568	0.579	0.583	0.595	0.618	0.630
内蒙古	0.818	0.803	0.790	0.727	0.721	0.689	0.655	0.653	0.654	0.654
陕西	0.671	0.656	0.671	0.676	0.698	0.698	0.683	0.706	0.721	0.761
四川	0.793	0.790	0.800	0.797	0.809	0.792	0.794	0.818	0.814	0.807
广西	0.776	0.766	0.757	0.750	0.768	0.769	0.759	0.758	0.746	0.726
欠发达地区	0.719	0.689	0.688	0.679	0.691	0.674	0.666	0.678	0.682	0.682
区域	2010 年	2011 年	2012 年	2013 年	2014 年	2015 年	2016 年	2017 年	2018 年	2019 年
贵州	0.514	0.523	0.544	0.556	0.600	0.647	0.677	0.690	0.707	0.715
甘肃	0.590	0.583	0.601	0.616	0.630	0.662	0.673	0.661	0.671	0.696
云南	0.616	0.643	0.673	0.687	0.706	0.709	0.719	0.740	0.758	0.787
内蒙古	0.648	0.658	0.675	0.720	0.751	0.748	0.759	0.801	0.797	0.801
陕西	0.782	0.793	0.624	0.652	0.673	0.709	0.725	0.727	0.730	0.774
四川	0.799	0.797	0.810	0.816	0.834	0.857	0.870	0.876	0.880	0.883
广西	0.716	0.719	0.710	0.712	0.721	0.731	0.737	0.763	0.779	0.794
欠发达地区	0.682	0.689	0.681	0.697	0.717	0.740	0.756	0.771	0.783	0.801

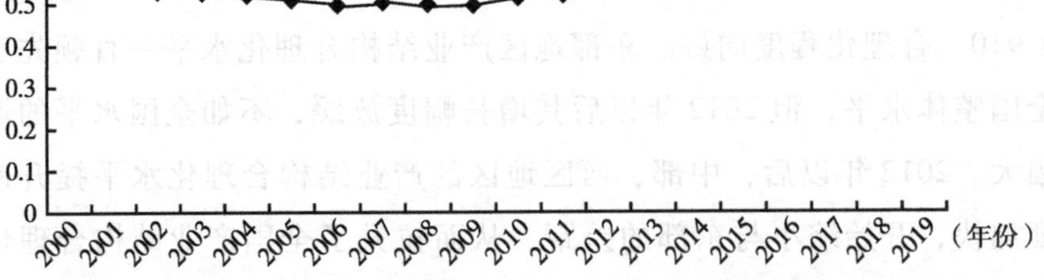

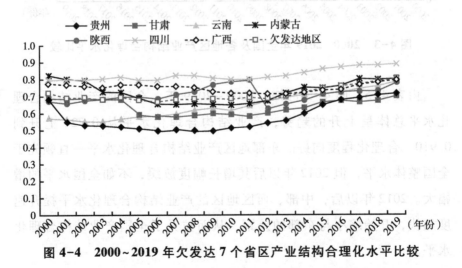

图 4-4　2000~2019 年欠发达 7 个省区产业结构合理化水平比较

根据表 4-6 和图 4-4，从欠发达 7 个省区的情况来看，2000 年，内蒙古的产业结构合理化水平最高，但 2001~2010 年走了一段下坡路导致产业结构合理化水平下滑明显，直到 2019 年也未能恢复至 2000 年的水平。云南的产业结构合理化水平起点最低，但从 2004 年起其产业结构合理化水平基本保持上升趋势，缩小了与欠发达地区其他省区的差距。从长期趋势来看，四川的产业结构合理化水平一直保持平稳且处于较高的水平，到 2018 年其产业结构合理化水平已达到 0.880，向全国平均水平靠拢。欠发达各省区之间产业结构合理化水平的差距较大，但总体上差距正在缩小。2019 年除甘肃外，其他省区的产业结构合理化水平均提升至 0.700~0.900。

从空间区划的角度分析产业结构合理化水平的区域分布情况。[①]结合表 4-5 的结果，从整体水平来看，欠发达地区产业结构合理化水平基本低于东部、中部、西部地区，我国中东部沿海地区产业结构合理化水平较高。从 2019 年空间区划的情况来看，欠发达 7 个省区的产业结构合理化水平都比较低。

综上分析，欠发达地区的产业关联性和协调性有所增强，产业结构逐步趋向合理化。欠发达地区的产业结构合理化水平低于全国的平均水平，但总体呈上升趋势，并与全国平均水平的差距缩小。由于经济发展基础薄弱，欠发达地区产业结构不合理的情况相对于东部、中部发达地区更为明显。

第五节 本章小结

本章首先给出了生态约束水平、绿色增长水平、产业结构高级化水平和产业结构合理化水平的评价方法和指标体系，进而对欠发达 7 个省区的生态约束水平、绿色增长水平、产业结构高级化水平和产业结构合理化水平进行了评价，并给出了数据可视化结果。

---

① 受篇幅所限，结果未展示，留存备索。

第五章　欠发达地区生态约束、产业结构与绿色增长的动态因果分析

本章是实证研究的基础，对生态约束、产业结构和绿色增长的双向因果关系进行了实证分析，为后续实证研究模型的选择提供参考依据。前文对生态（资源和环境）约束、产业结构和绿色增长三者之间的关系进行了综述和理论分析。为了进一步分析欠发达地区生态约束、产业结构和绿色增长三者之间存在的因果关系，本章对欠发达地区生态约束、产业结构和绿色增长三者之间的动态冲击和反馈机制进行了研究。主要包括两部分内容。第一，对第五、第六、第七、第八章的实证样本选取进行说明，对数据来源进行简单解释，并基于理论层面对变量的设置及计算进行了描述，最后对所有变量进行了描述性统计，以期简单了解变量的数据特征，为后续几章实证研究奠定了基础。第二，通过构建面板向量自回归模型对欠发达地区生态约束、产业结构和绿色增长三者之间的动态关系进行分析，并利用广义空间三阶段最小二乘估计法（GS3SLS）对内生性问题进行说明。研究结论表明，三个变量之间存在双向因果关系，因此后续几章实证研究模型的选择必须考虑内生性问题的解决，并要关注绿色增长对生态约束的反向影响关系，以避免回归结果有偏差。

第一节　理论研究

绿色增长近年才成为学术界理论研究关注的重点。生态（资源和

环境）约束对产业结构优化的影响，主要体现在环境规制、绿色发展要求方面。从理论层面来看，主要存在以下几种看法。有的学者从静态的角度提出“要素成本说”。Cropper 和 Oates（1992）研究提出，在市场需求、生产技术和工艺流程不变的情况下，绿色发展的要求必然会加重厂商的成本压力，制约技术进步，影响厂商的市场竞争力，从而不利于产业结构升级。Jaffe 和 Palmer（1997）认为，绿色发展的要求使生产企业需要额外支出治理污染的费用，从而使生产要素成本增加，不利于产业结构调整。Feichtinger 等（2005）则认为，国家或地区通过征收污染物排放税的方式来推进绿色发展，企业为了转嫁增加的成本，致力于改进生产设备和提高单位污染物排放的产出率，生产设备使用寿命的延长将对产业结构升级产生阻碍作用。而另一种主流的观点认为，绿色发展的要求有利于促进企业节能减排和实现竞争力的提升，具有代表性的是“波特假说”。Porter 和 Van der Linde（1995）认为，从静态的角度来说，绿色发展的要求在短期内会增加企业的生产要素支出，从而增加其生产成本；但从长期动态的角度来看，绿色发展的要求将促进企业技术创新、节能减排，从而提高其产品质量、降低生产成本，同时提高企业竞争力，促进产业结构转型升级。一方面，在市场竞争的条件下，国家通过环境规制要求厂商进行绿色生产，厂商从收益最大化的角度考虑，势必会采用节能减排的生产方式，通过技术创新，加强对物质的循环利用，提高资源的利用效率，以达到减少污染物排放和控制生产成本的目的。厂商的行为可以部分甚至是全部抵消为满足绿色发展的要求而增加的生产成本。如果“创新补偿”效应足够大，采用绿色生产方式的企业可以比不采用绿色生产方式的企业更具有竞争力。另一方面，当消费者更倾向于消费环保产品时，通过技术改进或创新提前实现绿色生产的厂商将具有更大的竞争优势，获得“先动优势”。

关于产业结构优化对经济增长（全要素生产率）的影响，以克拉克和库兹涅茨为代表的经济学家们，在对早期工业化过程的研究中，提出了产业结构优化是经济增长的重要驱动力，认为发达国家（地区）和欠发达国家（地区）经济增长模式的根本区别在于产业结构的不同。此后，具有代表性的理论有“结构红利假说”。产业结构变化对经济增长的影响主要是“结构红利”。在工业化与经济增长的比较研究中，钱纳里等人指出，在工业化过程中，不同经济体的经济发展水平不同，产业结构变化对经济增长的影响也不同，这种现象在发展中国家更为明显。各个工业部门的生产率和生产率增长率是不同的，当生产要素在不同生产率水平和生产率增长率水平的部门之间由低向高流动时，必然导致全社会总生产率和经济增长率的提高（Peneder，2003）。这种由生产要素流动带来的产业结构调整就形成了“结构红利”。

众多学者关注了生态约束对经济增长的影响，然而，在经济增长的研究方面，对“绿色增长”因素的考虑尚缺，把资源和环境因素纳入经济系统后，对资源和环境约束、产业结构和绿色全要素生产率相互影响的研究尚少。此外，现有研究多是从单方面影响探究生态约束、产业结构和绿色增长三个变量的关系，对三者之间的相互作用是否同时存在的研究尚缺。本章对生态（资源和环境）约束、产业结构和绿色增长三者关系进行实证分析，以丰富该领域的研究成果，拓宽研究思路和丰富研究框架。

第二节　变量说明与数据来源

一　样本选取及数据来源

基于本书研究的内容，将研究时间段选定为2000~2019年。根据数据可得性，本书主要选取贫困县较为集中的贵州、甘肃、云南、内蒙古、陕西、四川、广西7个省区。数据来源于《中国统计年鉴》、《中国科技统计年鉴》、各省区统计年鉴、《中国环境年鉴》、国泰安（CSMAR）数据库和万得（Wind）数据库，由于数据均较小，且大多数变量是比率，因此不做取对数处理。本书实证分析应用软件均为 Stata 16。

二　变量设置①

变量的选取至关重要，实证结果与变量的选择密切相关，本书将变量设置为被解释变量（结果）、核心解释变量（原因）、中介变量（中介影响）和控制变量（外部因素）。通过对大量文献的研究，最终选取的变量及其说明如下。

被解释变量：绿色全要素生产率（*GTFP*），绿色增长指的是在提高人类福祉和保持环境可持续性前提下实现的经济增长。本书采用绿色全要素生产率作为绿色增长的代理变量。

核心解释变量：生态约束（*EN*），由于单位 GDP 的能源消耗量可以反映资源耗用和环境污染情况，本书采用能源消耗量与 GDP 的比值，即能源消耗强度来衡量生态约束指标。

中介变量：产业结构高级化（*TS*）采用第三产业产值与第二产业产值之比衡量；产业结构合理化（*TL*），采用就业-产业结构协同系数衡量。

控制变量如下。

（1）金融发展水平（*FI*），指一定时期内社会金融活动总量与经济活动总量之比。金融发展主要通过对储蓄和投资的转化效率的影响，作用于货币资金积累的规模和速度，从而改变产业资金流向、结构配置和生产要素的配置，进而对产业结构产生影响。本书选取银行存贷款总额与 GDP 之比来衡量某个地区的金融发展水平。

（2）对外开放程度（*OP*），用实际利用外资额与 GDP 之比进行衡量。

---

① 本章将大多数变量进行了汇总说明，后面章节不再进行详细说明。

（3）人力资本（*EDU*），即人均受教育程度，是指地区居民个体接受高等教育的水平，通常认为一地的人均受教育程度越高，越有利于促进技术进步和科技创新，为产业经济发展储备人才。本书用区域普通高等学校在校生人数与区域总人口的比值来衡量人均受教育程度。

（4）技术创新强度（*TR*），技术创新包含自主创新和创新引入两部分内容，国内外研究常用技术创新支出来代表自主创新的规模；而国外技术引进合同的支出则代表了创新引入的规模。本书采用各地区研究与试验发展（R&D）经费投入金额和国外技术引进合同支出金额之和占 GDP 的比重作为技术创新强度的代理变量。

（5）环境规制（*ER*），学术界在测量环境规制的方法上存在一定的差异，本书主要使用环境污染治理投资成本占 GDP 的比重来测量环境规制。

（6）城镇化率（*CZ*）和网络普及率（*IP*），直接采用国家统计局的统计指标值。

三 变量的描述性统计

本章所选数据为平衡面板数据，利用软件 Stata 16 对变量原始值进行描述性统计分析，结果见表 5-1。

表 5-1 变量的描述性统计分析

变量	均值	标准差	第 5 百分位数	第 25 百分位数	第 50 百分位数	第 75 百分位数	第 95 百分位数	最小值	最大值
GTFP	1.013	0.051	0.988	1.001	1.009	1.023	1.070	0.561	1.235
EN	0.326	0.186	0.144	0.185	0.278	0.381	0.773	0.124	0.867
TS	0.964	0.205	0.661	0.810	0.964	1.081	1.283	0.620	1.621
TL	0.687	0.092	0.520	0.618	0.689	0.759	0.816	0.493	0.876
FI	1.719	0.706	0.825	1.224	1.62	2.108	2.972	0.120	3.535

续表

变量	均值	标准差	第 5 百分位数	第 25 百分位数	第 50 百分位数	第 75 百分位数	第 95 百分位数	最小值	最大值
OP	0.015	0.012	0.003	0.008	0.013	0.019	0.028	0.002	0.127
EDU	0.013	0.007	0.003	0.007	0.012	0.017	0.027	0.002	0.029
TR	0.011	0.007	0.004	0.006	0.008	0.016	0.025	0.002	0.028
ER	0.098	0.041	0.053	0.070	0.087	0.107	0.196	0.039	0.241
IP	0.226	0.180	0.018	0.048	0.204	0.384	0.524	0.009	0.604
CZ	39.803	9.936	24.770	31.599	39.310	46.685	58.130	23.359	62.710

根据表 5-1 的结果，可以发现 7 个省区中金融发展水平（*FI*）、城镇化率（*CZ*）的最大值与最小值的差距和标准差较大，说明这两个变量代表的资源在欠发达地区分布不均衡；生态约束（*EN*）、产业结构高级化（*TS*）、产业结构合理化（*TL*）、对外开放程度（*OP*）、人力资本（*EDU*）、技术创新强度（*TR*）在欠发达地区的标准差较小，说明欠发达地区产业结构水平差距并不是很大。

四　多重共线性检验

为避免变量间的多重共线性，本章使用方差膨胀因子（VIF）对除被解释变量以外的变量进行简单的多重共线性检验，结果见表 5-2。不管是在加入产业结构高级化的模型中，还是加入产业结构合理化的模型中，各变量的 VIF 估计结果均小于 10，则认为在进行实证分析时，可以忽略各变量之间的多重共线性问题。

表 5-2　欠发达地区样本数据的 VIF 检验

TS			*TL*		
变量	VIF	1/VIF	变量	VIF	1/VIF
IP	9.19	0.108820	*CZ*	8.86	0.112913
CZ	8.16	0.122579	*EDU*	8.68	0.115231
EDU	7.99	0.125087	*IP*	7.89	0.126736
TR	2.29	0.436060	*TR*	2.75	0.364212

续表

TS			*TL*		
变量	VIF	1/VIF	变量	VIF	1/VIF
EN	2.29	0.436401	*EN*	2.41	0.414817
FI	2.20	0.454852	*FI*	2.36	0.424357
ER	2.03	0.492766	*TL*	2.10	0.476841
TS	1.44	0.696257	*ER*	2.09	0.478952
OP	1.12	0.889570	*OP*	1.19	0.841963

五 协整检验

协整即变量之间存在一个共同的随机性趋势。由于协整传递的是长期均衡关系，如果几个看似具有单一随机性趋势的变量之间能够找到可靠的联系，那么单位根带来的随机性趋势就可以排除。协整检验的目的是判断一组非平稳时间序列的线性组合是否具有稳定的均衡关系。伪回归的一个特例是两个时间序列的趋势分量相同，在这种情况下，可以使用共同趋势来修改回归，使其可靠。

传统上要求在面板数据分析的过程中，使用的时间序列必须是稳定的，即不存在随机趋势或确定趋势，否则会出现伪回归问题。然而，在实际分析时，序列通常是非平稳的，所以我们采用协整检验来解决这个问题。当且仅当变量间存在同阶单整时，才能进行协整检验。单位根检验结果见表 5-3。

表 5-3 单位根检验

变量	统计量	差分前			一阶差分后		
		ADF 检验	PP 检验	结果	ADF 检验	PP 检验	结果
GTFP	L* -Sta	0.7475	-0.9373	非平稳	-9.2838	-14.9629	平稳
	p	0.7704	0.1772		0.0000	0.0000	
EN	L* -Sta	-0.1439	0.5306	非平稳	-2.6125	-4.1179	平稳
	p	0.4432	0.7007		0.0064	0.0001	
TS	L* -Sta	0.1417	2.1086	非平稳	-1.7359	-4.6124	平稳
	p	0.5560	0.9793		0.0452	0.0000	

续表

变量	统计量	差分前			一阶差分后		
		ADF 检验	PP 检验	结果	ADF 检验	PP 检验	结果
TL	L* -Sta	1. 5385	1. 0620	非平稳	-4. 5922	-10. 3859	平稳
	p	0. 9340	0. 8526		0. 0000	0. 0000	
FI	L* -Sta	-1. 1422	-1. 1947	非平稳	-2. 3193	-5. 4150	平稳
	p	0. 1302	0. 1197		0. 0129	0. 0000	
OP	L* -Sta	1. 2888	-0. 4249	非平稳	-2. 3512	-14. 6368	平稳
	p	0. 8975	0. 3366		0. 0119	0. 0000	
EDU	L* -Sta	0. 1562	-0. 7995	非平稳	-2. 9984	-5. 0936	平稳
	p	0. 5616	0. 2120		0. 0024	0. 0000	
TR	L* -Sta	-0. 3722	-0. 7910	非平稳	-6. 4724	-24. 6512	平稳
	p	0. 3559	0. 2145		0. 0000	0. 0000	
ER	L* -Sta	-0. 8769	-1. 2138	非平稳	-6. 6772	-11. 5505	平稳
	p	0. 1930	0. 1161		0. 0000	0. 0000	
IP	L* -Sta	4. 0321	7. 5511	非平稳	-1. 4359	-5. 7967	平稳
	p	0. 9999	1. 0000		0. 0795	0. 0000	
CZ	L* -Sta	6. 1642	7. 4224	非平稳	-4. 2427	-6. 7171	平稳
	p	1. 0000	1. 0000		0. 0001	0. 0000	

变量未进行差分前在10%的显著性水平下均拒绝序列是平稳的原假设，进行一阶差分后在1%的显著性水平下均不拒绝序列是平稳的原假设，即均是一阶单整的，因此可以进行 Kao 协整检验。结果见表 5-4，p 值均小于 0. 1，表明在10%的显著性水平下接受序列均是协整的备择假设。被解释变量与所有解释变量之间均是协整的，可以避免伪回归问题，可以进行相关实证分析。

表 5-4 Kao 协整检验

统计量	数值	p 值
Modified Dickey-Fuller Test	-8. 1571	0. 0000
Dickey-Fuller Test	-8. 5644	0. 0000
Augmented Dickey-Fuller Test	-1. 5738	0. 0578
Unadjusted modified Dickey-Fuller Test	-12. 3725	0. 0000
Unadjusted Dickey-Fuller Test	-9. 2756	0. 0000

第三节　双向因果关系检验

本书通过建立面板向量自回归（Panel Vector Autoregressive, PVAR）模型，运用稳健性检验、格兰杰因果关系检验、脉冲响应函数和方差分解来分析生态约束、产业结构与绿色增长之间的动态关系。PVAR模型的优点是将所有变量都视为内生变量，不需要区分外生变量和内生变量，可以合理地描述变量之间的动态关系。

一　面板向量自回归（PVAR）模型

构建PVAR模型进行实证分析，其表达式如下：

$$Y_{it} = \sum_{k=1}^{n} \beta_k Y_{it-k} + \alpha_i + \mu_t + \varepsilon_{it} \tag{5-1}$$

式（5-1）中，内生变量为绿色全要素生产率（*GTFP*）、生态约束（*EN*）、产业结构高级化（*TS*）、产业结构合理化（*TL*），分别研究*GTFP*、*EN*和*TS*，*GTFP*、*EN*和*TL*这两组内生变量之间的关系，即Y_{it}=［*GTFP*，*EN*，*TS*］和Y_{it}=［*GTFP*，*EN*，*TL*］。i代表不同省区，$i=1, 2, \cdots, 7$；t代表年份，$t=2000, 2001, \cdots, 2019$；$n$代表滞后阶数；$\beta_k$为滞后项系数矩阵；$Y_{it-k}$为$Y_{it}$的$k$阶滞后项，即将内生变量的滞后项作为解释变量。由一组回归方程表示每对变量间的互动关系，在研究的两对变量中，每个变量均受到自身和对方滞后项的影响，使用α_i表示个体效应，μ_t表示时间效应，ε_{it}表示随机误差项，其中个体效应主要度量省际的异质性，时间效应反映了不同时期的影响。

（一）滞后阶数的确定

在进行实证分析之前，需要先选取模型的最优滞后阶数，以提高估计结果的有效性。本书使用 MBIC、MAIC、MQIC 这 3 种滞后阶数的检验标准。由于滞后阶数应以通过较多检验标准为依据进行选取，选择不宜过大，否则会降低模型的自由度，造成模型数据不必要的损失；滞后阶数选择过小，会降低模型检验结果的精确度。滞后阶数选择结果如表 5-5 所示。

表 5-5 PVAR 模型的滞后阶数选择

滞后阶数	*GTFP*、*EN*、*TS*			*GTFP*、*EN*、*TL*		
	MBIC	MAIC	MQIC	MBIC	MAIC	MQIC
1	-100.802*	-23.649*	-53.993*	-111.796*	-34.643*	-64.988*
2	-75.181	-17.317	-40.075	-91.593	-33.729	-56.487
3	-56.389	-17.813	-32.985	-67.954	-29.377	-44.549
4	-31.169	-11.881	-19.467	-34.182	-14.894	-22.480

注：“*”表示相应的滞后阶数所对应的判定信息准则统计量最小。

根据表 5-5 的结果，可以看出两组模型的 MBIC、MAIC、MQIC 这 3 个统计量最小值全部对应的是 1 阶，因此，选择 PVAR 模型的最优滞后阶数为 1 阶。

（二）模型设定

第一组，*GTFP*、*EN* 和 *TS* 的 PVAR 模型：

$$GTFP_{it} = \beta_1 EN_{it-1} + \beta_2 TS_{it-1} + \alpha_i + \mu_t + \varepsilon_{it} \qquad (5-2)$$

$$EN_{it} = \beta_1 GTFP_{it-1} + \beta_2 TS_{it-1} + \alpha_i + \mu_t + \varepsilon_{it} \qquad (5-3)$$

$$TS_{it} = \beta_1 GTFP_{it-1} + \beta_2 EN_{it-1} + \alpha_i + \mu_t + \varepsilon_{it} \qquad (5-4)$$

第二组，*GTFP*、*EN* 和 *TL* 的 PVAR 模型：

$$GTFP_{it} = \beta_1 EN_{it-1} + \beta_2 TL_{it-1} + \alpha_i + \mu_t + \varepsilon_{it} \qquad (5-5)$$

$$EN_{it} = \beta_1 GTFP_{it-1} + \beta_2 TL_{it-1} + \alpha_i + \mu_t + \varepsilon_{it} \qquad (5-6)$$

$$TL_{it} = \beta_1 GTFP_{it-1} + \beta_2 EN_{it-1} + \alpha_i + \mu_t + \varepsilon_{it} \qquad (5-7)$$

二　稳健性检验

对 PVAR 模型进行稳健性检验，若通过检验则说明 PVAR 模型是适用的，可以进一步对变量进行脉冲响应函数和方差分解分析。稳健性检验结果如表 5-6 和图 5-1 所示。

表 5-6　稳健性检验

GTFP、EN、TS			*GTFP、EN、TL*		
特征根		Modulus	特征根		Modulus
Real	Imaginary		Real	Imaginary	
0.921	0.251	0.954	0.856	-0.081	0.859
0.920	-0.251	0.954	0.856	0.081	0.859
0.804	0.000	0.804	0.737	0.000	0.737

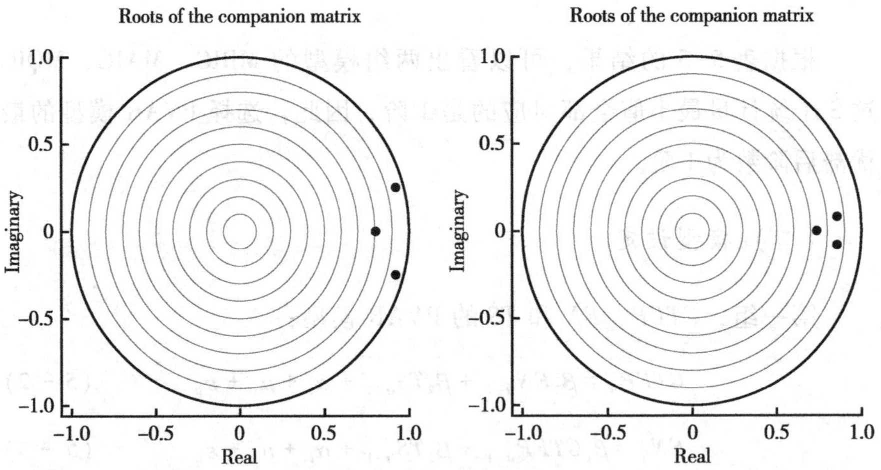

图 5-1　稳健性检验

根据表 5-6 和图 5-1 的结果，模型特征根的绝对值均小于 1，所有特征根都落入单位圆以内，说明 PVAR 模型是稳健的。

三　格兰杰因果关系检验

格兰杰因果关系检验可以探究一个变量的当前值是否受到其自身

和其他变量滞后项的影响，如果结果显著，则表明存在影响；如果结果不显著，影响就不存在（黄毅祥、蒲勇健，2020）。为检验生态约束、产业结构与绿色增长之间的关系，本章采用格兰杰因果关系检验进行分析。在滞后 1 期的前提下，格兰杰因果关系检验结果见表 5-7。

表 5-7　格兰杰因果关系检验结果

方程	变量	*GTFP*、*EN*、*TS*		*GTFP*、*EN*、*TL*	
		chi^2	$p>chi^2$	chi^2	$p>chi^2$
GTFP	*EN*	9.668	0.008	17.376	0.000
	TS/TL	7.945	0.019	16.639	0.000
EN	*GTFP*	6.258	0.044	5.420	0.067
	TS/TL	6.943	0.031	19.474	0.000
TS/TL	*GTFP*	2.904	0.234	1.708	0.426
	EN	5.924	0.052	4.775	0.092

根据表 5-7，在以绿色增长（*GTFP*）为被解释变量的方程中，检验变量生态约束（*EN*）和产业结构高级化（*TS*）的卡方统计量 chi^2 分别为 9.668 和 7.945，对应的 p 值分别为 0.008、0.019，分别在 1%、5%的显著性水平下拒绝“产业结构高级化和生态约束不是绿色增长的格兰杰原因”的原假设，因此生态约束和产业结构高级化是绿色增长的格兰杰原因。在以生态约束（*EN*）为被解释变量的方程中，绿色增长和产业结构高级化的卡方统计量分别为 6.258 和 6.943，对应的 p 值分别为 0.044、0.031，均在 5%的显著性水平下接受绿色增长和产业结构高级化是生态约束的格兰杰原因。在以产业结构高级化（*TS*）为被解释变量的方程中，绿色增长的卡方统计量为 2.904，对应的 p 值为 0.234，说明在 1%的显著性水平下接受绿色增长不是产业结构高级化的格兰杰原因；生态约束的卡方统计量为 5.924，对应的 p 值为 0.052，说明在 10%的显著性水平下接受生态约束是产业结构高级化的格兰杰原因。产业结构合理化研究的结果与上述结论基本一致：生态

约束和产业结构合理化是绿色增长的格兰杰原因；绿色增长和产业结构合理化是生态约束的格兰杰原因；绿色增长不是产业结构合理化的格兰杰原因，而生态约束是产业结构合理化的格兰杰原因。

根据前述分析，三者的因果关系如下：生态约束、产业结构高级化和产业结构合理化是绿色增长的格兰杰原因；绿色增长、产业结构高级化和产业结构合理化是生态约束的格兰杰原因；生态约束是产业结构高级化和产业结构合理化的格兰杰原因；绿色增长不是产业结构高级化和产业结构合理化的格兰杰原因。由此得出，生态约束与绿色增长之间存在双向因果关系；“生态约束对产业结构产生影响，产业结构对绿色增长产生影响”是影响中的一条路径，其中产业结构和绿色增长不是双向因果关系。

四　脉冲响应函数

通过脉冲响应函数的分析，考察一定的滞后期内，PVAR 模型中各变量之间的动态响应关系。设定预测期为 10 年，分别对 *GTFP*、*EN*、*TS* 与 *GTFP*、*EN*、*TL* 进行脉冲响应函数的分析，结果见图 5-2。

从图 5-2 可知：绿色增长面对来自生态约束的冲击，从当期到第 4 期呈现出不断增强的抑制作用，第 4 期到第 8 期抑制作用呈稳定趋势，第 8 期后抑制作用逐渐降低；生态约束对于来自绿色增长的冲击呈现出促进作用，并且前 4 期的促进作用不断增加，之后促进作用趋于平稳且逐渐降低；产业结构高级化对于来自生态约束的冲击呈现出当期的负向影响最大，之后负向影响逐渐降低的趋势；绿色增长对于来自产业结构高级化的冲击呈现出增加趋势，在第 6 期后促进作用逐渐降低。绿色增长、生态约束和产业结构合理化之间的影响与绿色增长、生态约束和产业结构高级化之间的影响趋势大致相同。

五　方差分解

上述脉冲响应函数的分析结果可以对模型中各变量之间的相互影

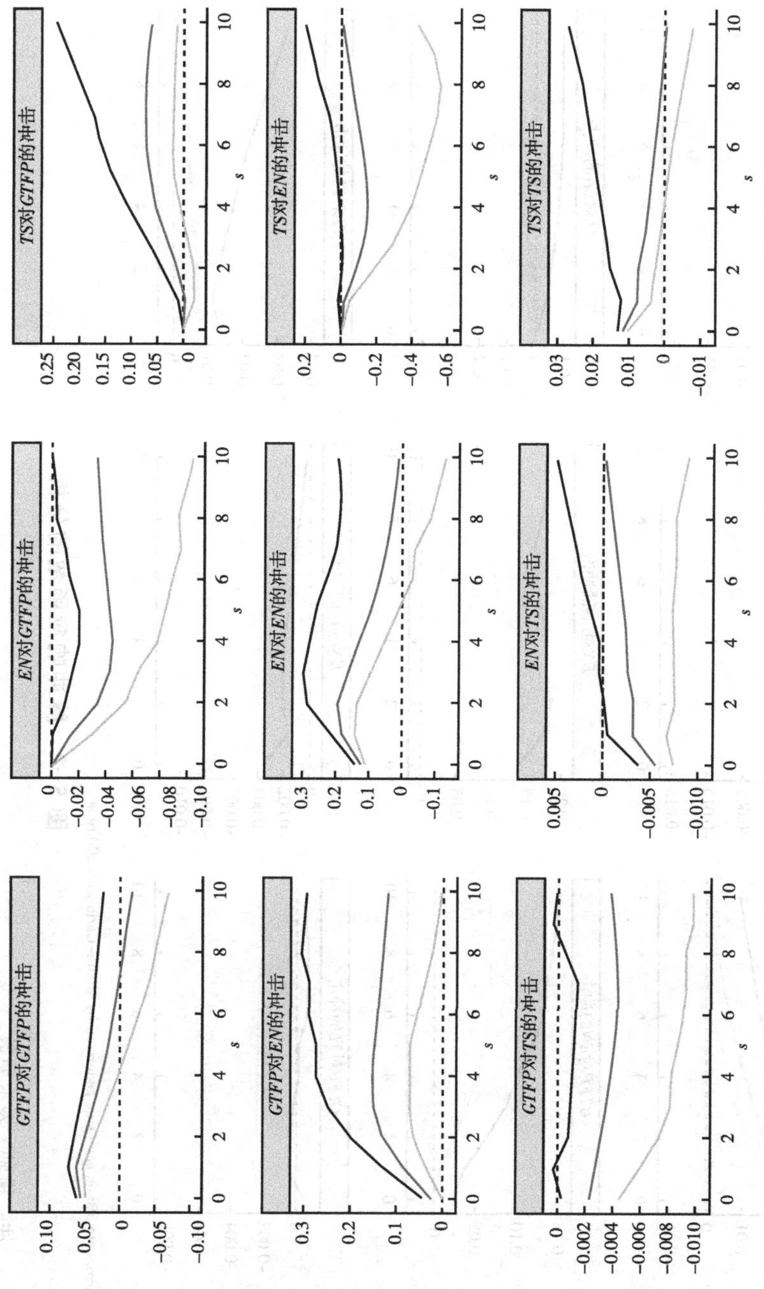
GTFP对GTFP的冲击
EN对GTFP的冲击
TS对GTFP的冲击
GTFP对EN的冲击
EN对EN的冲击
TS对EN的冲击
GTFP对TS的冲击
EN对TS的冲击
TS对TS的冲击
s

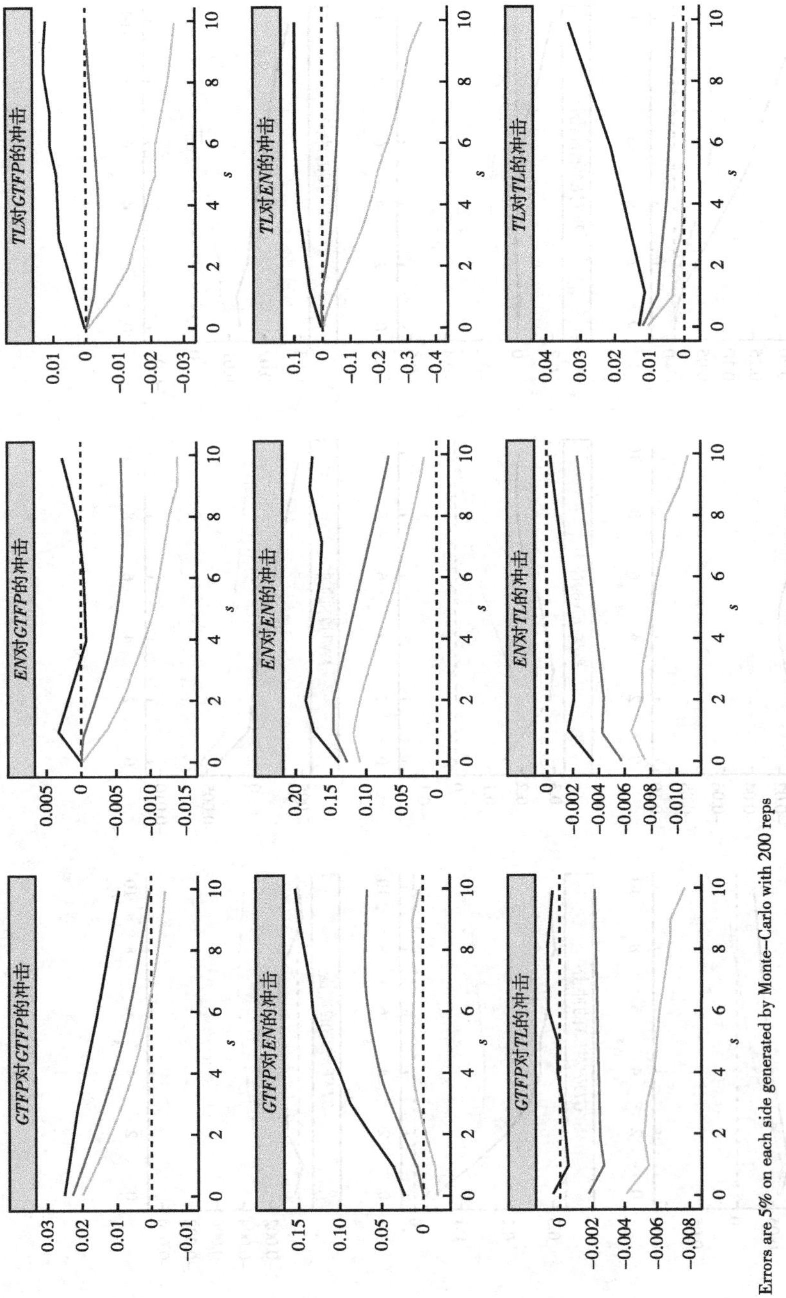

图 5-2 脉冲响应函数的分析

注：横轴 s 表示期数。

响关系进行判断，但无法了解变量之间的影响程度，这个问题需要通过方差分解来解决。接下来，本书通过预测误差的方差分解，逐一衡量每个变量对其他内生变量影响的贡献度，从而考察单个变量对其他内生变量影响的重要性，预测期为 10 年。方差分解结果如表 5-8 所示。

表 5-8　方差分解

变量	期数	模型一			模型二		
		GTFP	*EN*	*TS*	*GTFP*	*EN*	*TL*
GTFP	1	1	0	0	1	0	0
	2	0.970	0.021	0.009	0.976	0.003	0.021
	3	0.926	0.067	0.007	0.930	0.002	0.068
	4	0.861	0.114	0.024	0.875	0.015	0.109
	5	0.778	0.156	0.067	0.819	0.055	0.126
	6	0.685	0.188	0.127	0.763	0.117	0.120
	7	0.595	0.212	0.193	0.706	0.185	0.109
	8	0.514	0.228	0.258	0.649	0.244	0.106
	9	0.447	0.238	0.315	0.596	0.289	0.115
	10	0.394	0.242	0.364	0.548	0.319	0.133
EN	1	0.018	0.982	0.000	0.040	0.960	0.000
	2	0.091	0.909	0.000	0.038	0.950	0.012
	3	0.166	0.822	0.011	0.037	0.891	0.071
	4	0.230	0.744	0.026	0.040	0.806	0.154
	5	0.284	0.678	0.038	0.044	0.719	0.237
	6	0.332	0.623	0.045	0.050	0.645	0.305
	7	0.374	0.578	0.048	0.056	0.587	0.356
	8	0.412	0.540	0.048	0.063	0.545	0.392
	9	0.445	0.509	0.046	0.070	0.514	0.416
	10	0.473	0.483	0.044	0.077	0.491	0.432
TS/TL	1	0.033	0.190	0.777	0.025	0.086	0.889
	2	0.052	0.174	0.774	0.062	0.088	0.850
	3	0.070	0.164	0.766	0.085	0.110	0.805
	4	0.089	0.156	0.754	0.102	0.144	0.754
	5	0.110	0.150	0.740	0.113	0.179	0.708
	6	0.131	0.144	0.725	0.119	0.208	0.673
	7	0.152	0.139	0.709	0.123	0.226	0.650

续表

变量	期数	模型一			模型二		
		GTFP	*EN*	*TS*	*GTFP*	*EN*	*TL*
TS/TL	8	0.173	0.134	0.694	0.126	0.236	0.638
	9	0.192	0.129	0.679	0.129	0.240	0.631
	10	0.210	0.126	0.665	0.132	0.240	0.628

模型一：绿色增长主要受自身影响，但是自身贡献度呈现下降趋势，并且在第8期之前，生态约束的贡献度大于产业结构高级化，在第8期及之后产业结构高级化对绿色增长的影响程度增加较快，第10期绿色增长自身、产业结构高级化和生态约束对绿色增长的贡献度分别为39.4%、36.4%、24.2%；对生态约束的影响，除其自身外，绿色增长的贡献度是最大的，且影响逐期增加，到第10期绿色增长、产业结构高级化和生态约束自身对生态约束的贡献度分别为47.3%、4.4%、48.3%；对产业结构高级化的影响，除其自身外，在第6期及之前受到生态约束的影响较大，第6期后绿色增长的影响才逐渐加强。

模型二：绿色增长除其自身外，第6期及以前受到产业结构合理化的影响比受到生态约束的影响大，第6期之后生态约束的贡献度增加较快，到第10期绿色增长自身、生态约束和产业结构合理化对绿色增长的贡献度分别为54.8%、31.9%、13.3%；生态约束除其自身外，在第2期及之前受到绿色增长的影响比受到产业结构合理化的影响要大，第2期之后产业结构合理化的贡献度逐期增加，到第10期绿色增长、生态约束自身和产业结构合理化对生态约束的贡献度分别为7.7%、49.1%、43.2%；产业结构合理化除其自身外，受到生态约束的影响要大于受到绿色增长的影响，并且受到生态约束的影响基本在增加，到第10期绿色增长、生态约束和产业结构合理化自身对产业结构合理化的贡献度分别为13.2%、24.0%、62.8%。

各变量之间的贡献度趋势可画图来查看，具体结果见图5-3和图5-4（剔除自身影响）。

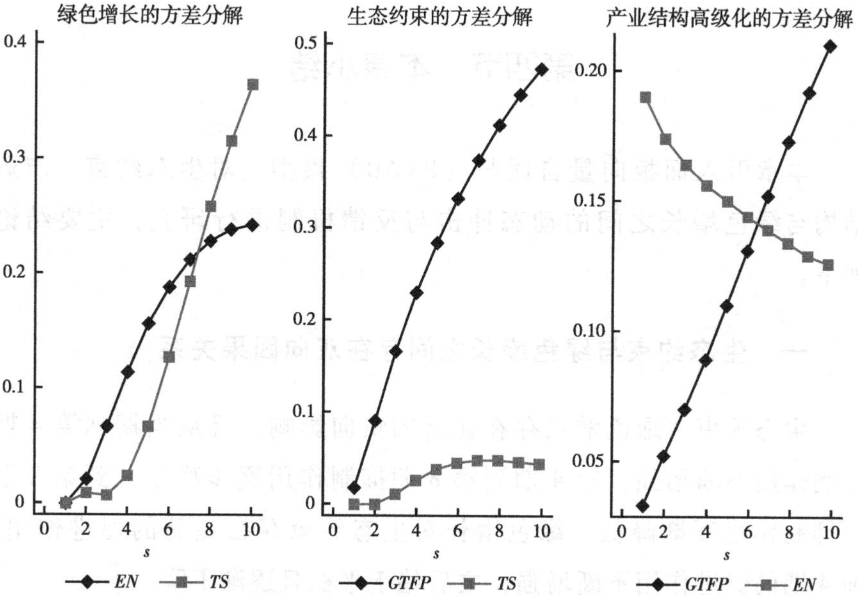

图 5-3　*GTFP*、*EN* 和 *TS* 的方差分解分析

注：横轴 s 表示期数。

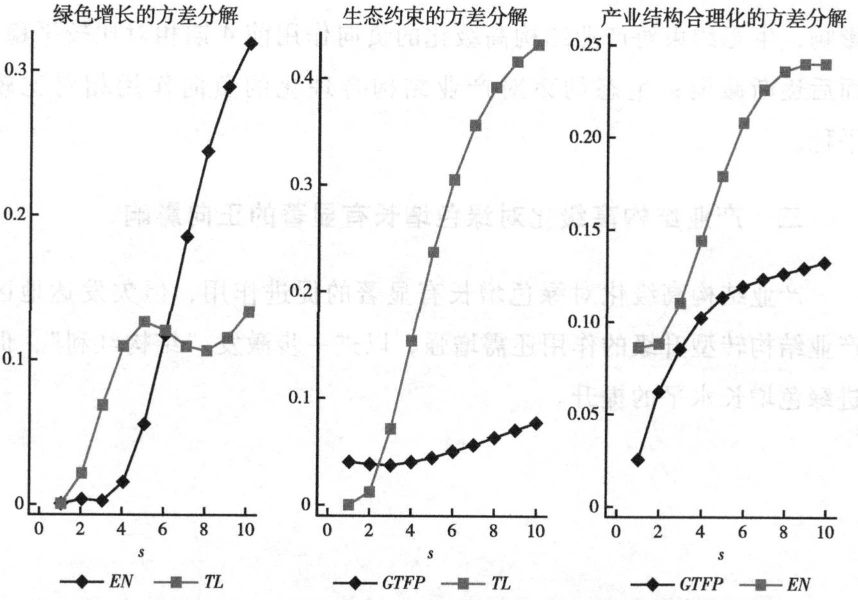

图 5-4　*GTFP*、*EN* 和 *TL* 的方差分解分析

注：横轴 s 表示期数。

第四节 本章小结

本章引入面板向量自回归（PVAR）模型，对生态约束、产业结构与绿色增长之间的动态冲击与反馈机制进行研究，主要结论如下。

一 生态约束与绿色增长之间存在双向因果关系

生态约束对绿色增长存在显著的负向影响，且从当期到第 4 期抑制作用不断增强，第 4 期到第 8 期抑制作用逐步稳定，到第 8 期后抑制作用逐渐降低；绿色增长对生态约束存在显著的促进作用，前 4 期的促进作用不断增强，之后趋于平稳且逐渐下降。

二 生态约束的加强对产业结构优化短期内存在“阵痛期”

生态约束对产业结构高级化、产业结构合理化产生显著的负向影响，生态约束对产业结构高级化的负向作用前 4 期相对比较平稳，而后逐渐减弱；生态约束对产业结构合理化的负向作用相对比较平稳。

三 产业结构高级化对绿色增长有显著的正向影响

产业结构高级化对绿色增长有显著的促进作用，但欠发达地区产业结构转型升级的作用还需增强，以进一步激发“结构红利”，促进绿色增长水平的提升。

第六章　欠发达地区生态约束、产业结构与绿色增长的交互影响

国内外学者通过对中国不同地区的各种实证研究发现，由于中国区域经济发展的多样性和不同区域环境条件的复杂性，处于不同经济发展阶段的地区其生态约束与绿色增长关系曲线有着不同的表现形式。本章将对欠发达地区 2000~2019 年的生态约束与绿色增长的关系进行实证研究。

第一节　理论分析与研究假说

环境库兹涅茨曲线反映了不同经济增长水平与环境保护之间的关系，经济增长与资源消耗、污染物排放之间呈现“倒 U 形”曲线关系，在经济发展的第一阶段，自然资源的消耗和污染物的排放会随着国民收入的增加而增加，但如果收入水平超过一定的门槛，资源消耗和环境质量会随着收入的增加而改善。国内外学者的研究表明生态约束与绿色增长之间确实呈现非线性的关系，但研究结论并不一致，欠发达地区是否存在“U 形”曲线关系有待进一步验证。

为了对生态约束与绿色增长之间的曲线关系进行初步的判断，本章将生态约束（*EN*）作为横轴，绿色增长（*GTFP*）作为纵轴，绘制两者关系的拟合曲线，全国各省份、发达地区、欠发达地区的拟合曲线分别见图 6-1、图 6-2、图 6-3。

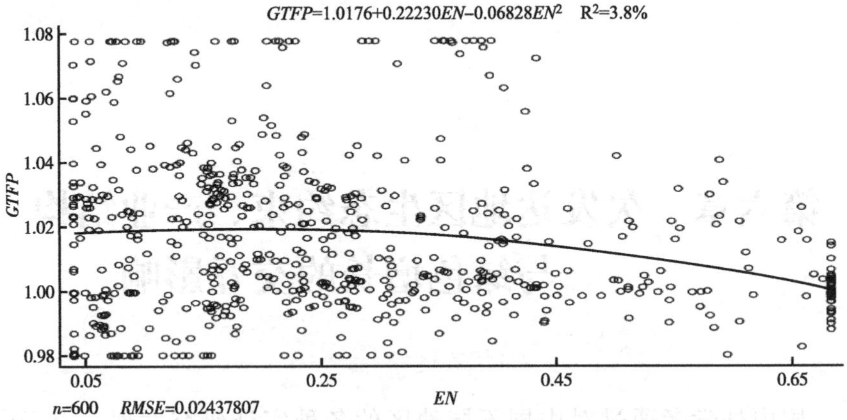

图 6-1 全国各省份生态约束与绿色增长关系曲线

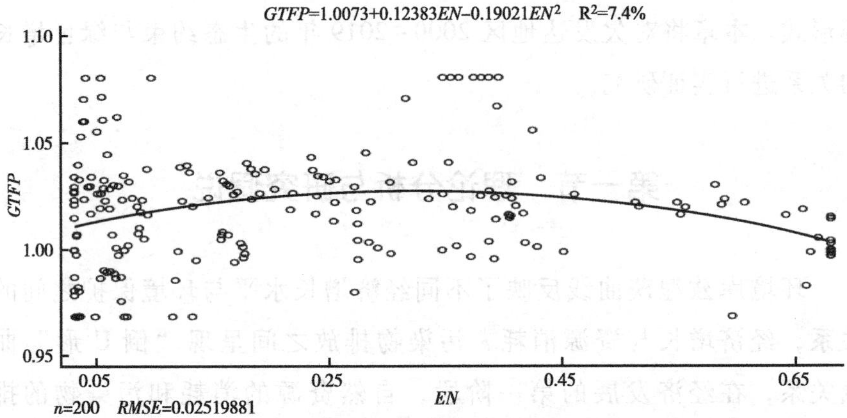

图 6-2 发达地区生态约束与绿色增长关系曲线

根据图 6-1，从全国整体情况来看，生态约束小于 0.2 的区间，生态约束与绿色增长之间呈正相关关系，大于 0.2 之后呈负相关关系，则全国生态约束与绿色增长的关系曲线呈“倒 U 形”。从图 6-2 可以看出，发达地区生态约束与绿色增长的关系曲线呈现“倒 U 形”，和全国的生态约束与绿色增长关系曲线趋势相似，不同的是全国主要体现为“倒 U 形”曲线的右侧部分，而发达地区主要体现为“倒 U 形”曲线的左侧部分。从图 6-3 可以看出，欠发达地区生态约

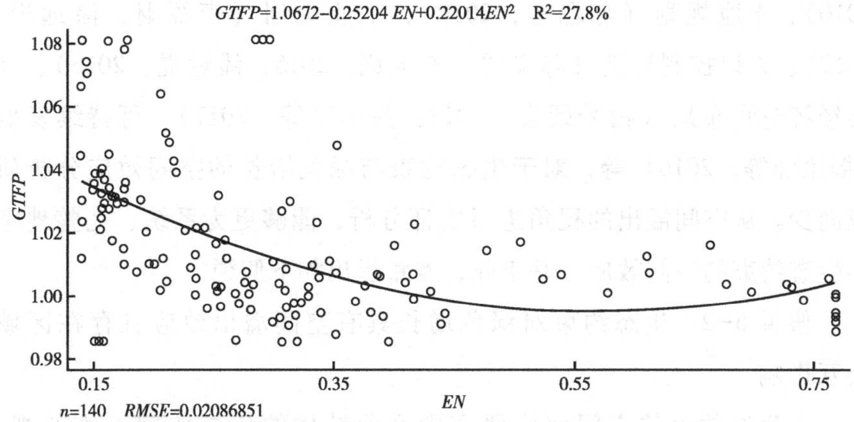

图 6-3 欠发达地区生态约束与绿色增长关系曲线

束与绿色增长的关系曲线呈“U 形”，且曲线拟合公式为 $GTFP=1.0672-0.25204EN+0.22014EN^2$。这说明在生态约束小于 0.55 时，生态约束与绿色增长之间呈负相关关系，大于 0.55 之后二者之间呈正相关关系。本书欠发达地区的样本总量为 140 个，其中生态约束变量有 126 个样本值小于 0.55，基于此可以总结得出：在本书所选取的时间和地区样本中，生态约束与绿色增长之间的关系曲线整体体现为“U 形”的左侧部分，即两者呈现负相关关系。由上述结果可知，欠发达地区生态约束与绿色增长的关系曲线与全国的整体趋势并不相同，全国和发达地区的趋势曲线呈现“倒 U 形”，而欠发达地区的关系曲线却体现为“U 形”的左侧部分。基于此，本章提出如下假说。

假说 6-1：对于欠发达地区，生态约束与绿色增长之间的关系曲线体现为“U 形”的左侧部分。

生态约束可能存在多方面的空间传导效应。研究区域经济发展中经济指标的空间相关性不容忽视，近年来，学者们在研究生态约束问题时，从不同的角度引入了空间效应和空间异质性的分析，但相关研究主要集中于生态（资源和环境）约束条件下合理的生态功能区划（许尔琪、李婧昕，2021；孙伟等，2008）、城市空间布局（戎一翎，

2010)、土地规划（陈磊等，2019)、工业规划（卢福财、徐远彬，2017)、人口控制规模（陈义勇、刘卫斌，2015；潘竟虎，2013)、社会经济空间布局（梅梦媛等，2018；关小克等，2017)、可持续发展（揭懋汕等，2016）等，对于生态约束与绿色增长的空间效应分析研究尚少。从空间溢出的视角进行实证分析，能够更为系统、完整地考察生态约束的空间效应。基于此，本章提出如下假说。

假说 6-2：生态约束对绿色增长具有空间溢出效应且存在区域交互影响。

在生态约束的空间效应研究中产业结构的传导作用不容忽视。首先，生态约束的提升，通常伴随着环境规制加强、技术进步、技术效率的提升，制度和创新具有溢出与扩散效应，新知识、新技术的普及会对周边地区的技术创新产生带动作用，产业间的技术外溢和扩散，可能影响本地和邻近地区的产业结构变化，进而影响其绿色增长。其次，生态约束对投入要素结构产生影响，包括劳动力、资源等具有跨区流动性的要素，可能会引起区域间的产业结构发生变化。产业政策、环境规制等会引起企业的跨区迁移，从而影响本地、邻近地区的产业结构变化或形成产业集聚效应，从而影响其绿色增长。最后，区域经济存在着关联性，以产业联系为纽带的地区之间存在着分工与合作。本区域生态约束的加强，可能通过区域资源调配、技术合作、供销关系等对本区域和跨区域关联产业的投入产出效率产生影响。生态约束通过产业结构变化不仅影响本区域的绿色增长，还可能对邻近地区的绿色增长产生影响。

第二节　问题的提出

根据前述分析，目前关于生态约束与绿色增长关系的研究主要存在以下问题。

（1）拟合曲线存在非线性关系。已有关于资源、环境与经济增长的研究多从“资源诅咒”出发，结论并不统一。本书研究的对象是欠发达地区，可能不同于发达地区或全国的平均水平。本书将生态约束与绿色增长的关系从“资源诅咒”方面进行了拓展，从传统对自然资源与经济增长的关系研究延伸至加入环境影响因素。因变量从自然资源拓展到包含资源和环境的生态约束，自变量也增加了资源、环境因素，增加了生产过程中的资源投入和产出过程中的污染物排放的绿色全要素生产率 *GTFP* 指标，更能全面衡量可持续发展背景下的经济增长效率。

（2）忽略了产业结构的影响作用。多数资源、环境与经济增长的关系研究中，产业结构的作用没有被考虑在分析模型之内，从而忽视了这一重要影响因素。

（3）忽略了生态约束与绿色增长之间可能存在的空间相关性。由于欠发达地区生态约束不是孤立存在的，有可能与邻近地区存在关联关系，有必要进一步考察生态约束的空间效应及区域之间的交互影响，避免产生遗漏变量的问题。

（4）忽略了绿色增长对生态约束的反向影响。第五章检验结果表明，生态约束与绿色增长间存在双向因果关系，忽略绿色增长对生态约束的反向影响会显著高估生态约束对绿色增长的作用。

鉴于上述分析，本章采用能源消耗强度（*EN*）代替自然资源指标，以全面衡量资源和环境两方面的生态约束因素，同时将产业结构、人力资本、环境规制、对外开放程度等指标纳入分析模型中。在分析方法上，对欠发达地区采用空间效应模型，建立二次项方程进行生态（资源和环境）约束的“U 形”曲线再验证，并采用空间联立方程模型和广义空间三阶段最小二乘估计法（GS3SLS）解决内生性问题。

第三节　空间自相关检验

本书所研究的时间跨度较长，由于局部空间自相关检验的结果难以完全解释，因此选择了全局空间自相关（Global Spatial Autocorrelation）检验，它可以从区域空间的整体上刻画产业结构优化活动的空间分布情况。在空间统计学和空间计量经济学中最常用的检验空间自相关的方法有 Geary's C、Getis-Ord G 和 Moran's I，此处介绍常用的 Moran's I 的计算及检验过程。

Moran's I 的计算公式如下：

$$\text{Moran's I} = \frac{\sum_{i=1}^{n}\sum_{j=1}^{m} w_{ij}(x_i - x_m)(x_j - x_m) / \sum_{i=1}^{n}\sum_{j=1}^{m} w_{ij}}{\sum_{i=1}^{n}(x_i - x_m)^2 / n} \tag{6-1}$$

其中，x_i 为单元 i 的值；x_j 为单元 j 的值；x_m 为单元的均值；n 为单元总数；w_{ij}为空间权重矩阵，通常使用邻域标准或距离标准。Moran's I 取值在-1~1，当 Moran's I>0 时表示空间正相关，Moran's I 越大，表明空间正相关性越大，相关性随着空间位置的聚集而增强；当 Moran's I<0 时表示空间负相关，其值越小，表明空间负相关性越大；当 Moran's I=0 时代表空间无关，即空间呈随机性。

本章采用全局空间自相关对 *GTFP*、*EN*、*TS*、*TL* 这几个变量在空间上是否存在集聚特征进行检验。表 6-1 展示的是全局 Moran's I 的统计量、Z 值及 p 值。

表 6-1 各变量的全局 Moran's I

变量	空间邻接矩阵			反距离矩阵			经济距离矩阵		
	Moran's I	Z	p	Moran's I	Z	p	Moran's I	Z	p
GTFP	0.375	5.559	0.000	0.350	6.927	0.000	0.353	6.108	0.000
EN	0.313	4.506	0.000	0.366	7.010	0.000	0.324	5.443	0.000
TS	0.286	4.078	0.000	0.229	4.385	0.000	0.298	4.962	0.000
TL	-0.320	-4.662	0.000	-0.150	-2.640	0.008	-0.169	-2.615	0.009

注：①所有检验结果均为单边检验；②检验前已将空间权重矩阵标准化。

结果显示，*GTFP*、*EN*、*TS*、*TL* 这几个变量在显著性水平为 1%时，其 Z 值的绝对值均高于正态分布的临界值，即通过了显著性检验，而且其全局 Moran's I 的绝对值大于 0，说明空间分布存在相关性。

存在空间相关性的变量，即当某一区域的变量发生变化时，该变量不仅影响本区域的被解释变量，而且影响其他区域的被解释变量，因此建立空间计量模型对 *GTFP*、*EN*、*TS*、*TL* 进行分析是很有必要的。从数据分析结果中也可以证实采用空间计量模型的必要性。

第四节　基本模型设定和空间权重矩阵

从前面的分析可以看出，生态约束、产业结构与绿色增长之间存在着复杂的互动机制。在相互影响的条件下，用单一的方程很难有效地描述变量之间的关系，忽略绿色增长对生态约束的反向影响将会由于内生性问题而导致结果有偏误，忽略生态约束和绿色增长的空间溢出效应以及区域间的交互影响可能会产生遗漏变量问题，因此，本书采用空间联立方程模型和广义空间三阶段最小二乘估计法（GS3SLS）来进行实证研究，以更好地控制内生性和空间溢出效应，使所得结果更加稳健。根据前文假设，在验证“资源诅咒”模型的基础上，相关变量增加环境因素和产业结构作为控制变量，建立如下模型。

一　基本模型设定

为了验证生态约束与绿色增长之间可能存在的双向因果关系、各自的空间溢出效应以及区域空间交互影响，本章构建如下生态约束和绿色增长的联立方程，对两者之间的互动关系进行实证分析，具体见方程式（6-2）和式（6-3）：

$$GTFP_{it} = \beta_0 + \beta_1 EN_{it} + \beta_2 EN_{it}^2 + \rho_1 w_{it} GTFP_{it} + \rho_2 w_{it} EN_{it} + \beta_3 X_{it} + \mu_{it} + \delta_i \tag{6-2}$$

$$EN_{it} = \beta_0 + \beta_1 GTFP_{it} + \rho_1 w_{it} EN_{it} + \rho_2 w_{it} GTFP_{it} + \beta_2 Z_{it} + \varepsilon_{it} + v_i \tag{6-3}$$

其中，i 和 t 分别表示地区和年份；$GTFP$ 表示绿色增长指标；EN 表示生态约束指标；ρ 为空间自回归系数，用于表征生态约束和绿色增长的空间溢出效应；w 为空间权重矩阵，用于表征地区间的空间关系；X 为控制变量；β 为待估系数；δ_i、v_i 表示地区个体效应；μ_{it}、ε_{it}表示随机误差项。方程式（6-2）是以绿色增长作为被解释变量，考察生态约束对绿色增长的影响。借鉴已有相关研究成果，选取金融发展水平、对外开放程度、技术创新强度、网络普及率、城镇化率等变量作为影响绿色增长的重要控制变量，用 X 进行表示。方程式（6-3）是以生态约束作为被解释变量，考察绿色增长对生态约束的影响，选取金融发展水平、人力资本、环境规制、网络普及率、城镇化率等变量作为影响生态约束的重要控制变量，用 Z 进行表示（刘红玉等，2015）。

二　空间权重矩阵

上述所有公式中都用到了空间权重矩阵，因地理的邻近是空间经济学的核心，“邻近性”是集群、产业区等空间研究的热点，因此本书的空间权重矩阵采用 Rook 原理的空间邻接矩阵：

$$W = \begin{bmatrix} w_{11} & \cdots & w_{1n} \\ \vdots & \ddots & \vdots \\ w_{n1} & \cdots & w_{nn} \end{bmatrix}$$

其元素构成为：若 i 与 j 地区相邻，则 $w_{ij}=1$，否则 $w_{ij}=0$；其中 i 和 j 取值均为 $n=286$。空间邻接矩阵表示相邻关系，矩阵 W 是对称矩阵且对角线元素均为 0，否则无法解释“自己与自己相邻”。为减少或消除区域间的外在影响，空间邻接矩阵被标准化成行元素之和为 1 的矩阵，即：

$$w_{ij}^{*} = \frac{w_{ij}}{\sum_{j=1}^{m} w_{ij}} \tag{6-4}$$

因本书研究 7 个省区，产生的空间邻接矩阵 w_{ij} 的情况较多，为避免此情况的影响，采用反距离矩阵做对比，构建反距离矩阵为 $w_{ij}=1/d_{ij}$，d_{ij} 表示 i 省区和 j 省区的直线距离。若两者不一致，说明空间权重矩阵构成影响巨大；若两者一致，也可表明空间计量模型构造合理。

第五节 估计结果及分析

一 基准回归结果

本书利用 Stata 16 对空间联立方程进行估计，分别将产业结构高级化（*TS*）、产业结构合理化（*TL*）加入控制变量，得到模型一、模型二，结果见表 6-2。

表 6-2 空间联立方程结果

GTFP、*EN*、*TS*(模型一)				*GTFP*、*EN*、*TL*(模型二)			
变量	方程 1 (*GTFP*)	变量	方程 2 (*EN*)	变量	方程 3 (*GTFP*)	变量	方程 4 (*EN*)
wGTFP	-0.011 (0.010)	*wEN*	0.56*** (0.025)	*wGTFP*	-0.012 (0.009)	*wEN*	0.132*** (0.025)
wEN	0.002 (0.004)	*wGTFP*	-0.271*** (0.064)	*wEN*	0.005 (0.004)	*wGTFP*	-0.251*** (0.062)
EN	-0.139** (0.067)	*GTFP*	-1.128 (1.093)	*EN*	-0.172*** (0.048)	*GTFP*	-3.624*** (1.058)
EN^2	0.044* (0.026)	*TS*	0.183 (0.204)	EN^2	0.026*** (0.010)	*TL*	-1.250** (0.492)
TS	-0.063** (0.029)	*FI*	0.175** (0.071)	*TL*	-0.149** (0.075)	*FI*	0.252*** (0.082)

续表

GTFP、EN、TS(模型一)				GTFP、EN、TL(模型二)			
变量	方程 1 (GTFP)	变量	方程 2 (EN)	变量	方程 3 (GTFP)	变量	方程 4 (EN)
FI	0.016 (0.010)	*EDU*	-19.499* (11.155)	*FI*	0.016 (0.011)	*EDU*	-31.867*** (10.527)
OP	0.019 (0.422)	*ER*	2.482** (1.127)	*OP*	0.293 (0.376)	*ER*	1.295 (1.221)
TR	-1.148 (0.909)	*IP*	-2.255*** (0.517)	*TR*	-0.87 (0.847)	*IP*	-2.371*** (0.449)
IP	0.036 (0.082)	*CZ*	0.011 (0.009)	*IP*	-0.268*** (0.074)	*CZ*	0.032*** (0.011)
CZ	-0.001 (0.001)	常数项	2.325** (1.224)	*CZ*	0.003*** (0.001)	常数项	5.255*** (1.122)
常数项	1.210*** (0.090)			常数项	1.213*** (0.091)		

注：***、**、*分别表示在1%、5%、10%的水平下显著，括号内数值为标准误。

根据表6-2的结果，*wGTFP* 和 *wEN* 分别代表 *GTFP* 和 *EN* 的空间项，此后同。方程1和方程3是生态约束对绿色增长的影响，其回归结果显示，生态约束一次项的回归系数分别在5%和1%的水平下显著为负，二次项的回归系数分别在10%和1%的水平下显著为正，表明考虑了空间相关性和内生性因素后，验证了假说6-1，生态约束与绿色增长之间呈“U形”曲线关系。

二 控制变量的结果分析

方程1中产业结构高级化对绿色增长的影响在5%的水平下显著为负，且产业结构高级化水平每提升1%，绿色增长水平下降0.063%。方程3中产业结构合理化对绿色增长的影响在5%的水平下显著为负，产业结构合理化水平每提升1%，绿色增长水平下降0.149%。综上说明欠发达地区产业结构高级化和产业结构合理化水平的提升会对绿色增长产生抑制作用。根据方程 1 和方程 3 的结果，发现金融发展水平（*FI*）、对外开放程度（*OP*）对绿色增长的影响为正，但都不显著。根据 Raul Prebisch 和 Hans Singer 提出的 Prebisch-Singer 假说，即贸易条件恶化论，发展中国家和欠发达地区的初级产品由于缺乏弹性和需求价格弹性较弱，使得国际市场的价格波动过大，从长期来看不利于经济增长。外资进入欠发达地区，容易利用欠发达地区的资源禀赋，将其变成发达地区的资源供给地和污染集中地，使欠发达地区与发达工业化国家的差距拉大，对欠发达地区的经济增长不利。但欠发达地区在对外开放的同时引入外来资金、技术和人才，这对其经济增长有促进作用，在一定程度上抵消了对外开放带来的负向影响，因此在全球经济一体化的背景下，对外开放程度对绿色增长的正向影响不显著。技术创新强度（*TR*）对绿色增长的影响为负，但并不显著，原因是欠发达地区科研能力相对较弱，创新引入未能充分促进地区的创新转型，创新成果转化成生产力的能力不足。在方程 3 中，网络普及率（*IP*）对绿色增长的影响在 1%的水平下显著为负。在方程 3 中，城镇化率（*CZ*）对绿色增长的影响在 1%的水平下显著为正。原因是当今城镇化的发展，使得制造业深加工企业数量及资源性产品技术含量不断增加，减少资源耗用的第三产业产值比例不断提高。同时，城镇化的发展还有利于加大环境污染的整治力度，如减少农业面源污染、集中垃圾处理、集中排污处理等，有利于绿色增长水平的提升。

三　稳健性检验

为检验模型的稳健性，本书将前文模型一、模型二的空间邻接矩阵替换为反距离矩阵进行对比分析，具体结果见表 6-3。

根据表 6-3 的结果，可以发现模型一、模型二核心解释变量系数的正负号未发生变化，且系数变化较小，由此可以认为回归估计结果是稳健的。

表 6-3　稳健性检验结果

GTFP、EN、TS(模型一)				GTFP、EN、TL(模型二)			
变量	方程 1(GTFP)	变量	方程 2(EN)	变量	方程 3(GTFP)	变量	方程 4(EN)
wGTFP	-2.431 (4.625)	wEN	71.191*** (9.424)	wGTFP	-2.860 (4.042)	wEN	63.951*** (9.528)
wEN	1.499 (1.795)	wGTFP	-105.952*** (28.983)	wEN	2.150 (1.575)	wGTFP	-96.197*** (27.898)
EN	-0.139** (0.069)	GTFP	-0.977 (1.002)	EN	-0.155*** (0.044)	GTFP	-3.152*** (1.011)
EN^2	0.043* (0.026)	TS	0.164 (0.191)	EN^2	0.024** (0.009)	TL	-0.984** (0.469)
TS	-0.063** (0.029)	FI	0.148** (0.067)	TL	-0.130* (0.073)	FI	0.224*** (0.078)
FI	0.015 (0.010)	EDU	-17.002 (10.555)	FI	0.016 (0.011)	EDU	-28.294*** (10.065)
OP	0.066 (0.416)	ER	2.253** (1.067)	OP	0.288 (0.371)	ER	1.316 (1.170)
TR	-1.056 (0.906)	IP	-2.101*** (0.489)	TR	-0.762 (0.841)	IP	-2.198*** (0.427)
IP	0.043 (0.082)	CZ	0.010 (0.009)	IP	-0.241*** (0.073)	CZ	0.028*** (0.010)
CZ	-0.001 (0.001)	常数项	2.127* (1.119)	CZ	0.003*** (0.001)	常数项	4.571*** (1.069)
常数项	1.193*** (0.092)			常数项	1.168*** (0.088)		

注：***、**、*分别表示在1%、5%、10%的水平下显著，括号内数值为标准误。

第六节　欠发达地区生态约束和绿色增长变动趋势集成预测

本节建立由自回归移动平均（Autoregressive Moving Average，ARMA）模型、向量自回归（Vector Autoregressive，VAR）模型和向量误差修正（Vector Error Correction，VEC）模型组成的综合集成预测模型，对未来五年的生态约束和绿色增长水平进行预测。

一　模型预测方法

（一）ARMA 模型

ARMA 模型是一种平稳时间序列预测方法，由 Box 和 Jenkins 提出，也称 B-J 法。该模型的优点是可以从数据结构和数据特征方面分析时间序列数据的内在规律，并根据数据的内在变化趋势对未来趋势进行预测，常用于对资料数据的长期追踪研究，模型精度相对较高。ARMA 模型由自回归（Autoregressive，AR）模型、移动平均（Moving Average，MA）模型两部分组成。该模型的一般形式见式（6-5）：

$$Y_t = c + \alpha_1 Y_{t-1} + \cdots + \alpha_p Y_{t-p} + \varepsilon_t + \beta_1 \varepsilon_{t-1} + \cdots + \beta_q \varepsilon_{t-q} \quad (6-5)$$

其中，p 为自回归模型的阶数，q 为移动平均模型的阶数；α_1，α_2，…，α_p为自回归系数，β_1，β_2，…，β_q为移动平均系数，这些均为模型的待估参数；ε_t为残差；Y_t为观测值。AR 模型和 MA 模型是 ARMA（p，q）模型的两种特殊情况，若阶数 $q=0$，则为自回归模型 AR（p）；若阶数 $p=0$，则为移动平均模型 MA（q）。

（二）VAR 模型

VAR 模型是经济领域较常用的一种多元时间序列预测方法。该模型是 ARMA 模型的简化，即通过模型中当期变量对所有变量的若干滞后变量进行回归，并对其变动趋势进行分析，以解释各种经济冲击对经济变量的影响。模型要求数据是平稳的，且时间序列间存在相关性。由于模型待估参数相对较少，故可操作性较强。模型的表达式见式（6-6）：

$$Y_t = c + A_1 Y_{t-1} + \cdots + A_p Y_{t-p} + \beta X_t + \varepsilon_t \qquad (6-6)$$

其中，Y_t为由 k 个内生变量组成的向量，ε_t为 k 维随机扰动向量；p 为滞后阶数；A_1，A_2，…，A_p为 $k \times k$ 维待估系数矩阵。

（三）VEC 模型

VEC 模型是对非平稳时间序列的预测方法，要求数据协整。该模型由 Ender 于 1995 年提出，研究系统中某一扰动发生时，系统受到该扰动的影响会产生多大程度的变动，对于内生变量当前值和未来值产生的影响。时间序列预测的误差方差是其自身扰动及系统其他扰动共同作用的结果，即 VEC 模型对一个变量的冲击不仅影响该变量自身，还通过动态结构对其他所有变量传导影响。该模型的最大优点在于，可以同时分析长期静态和短期动态的关系。

基于式（6-6），Y_t 是 m 维非平稳时间序列，X_t是 d 维确定性变量，ε_t 是新息变量，经过变形可以改写为式（6-7）：

$$\Delta Y_t = B_1 X_{t-1} + \sum (-\sum A_j) \Delta Y_t + \varepsilon_t \qquad (6-7)$$

（四）综合集成预测模型

综合集成预测模型是综合应用几种模型的一种预测方法，通过应用几种模型的预测结果进行组合评估，降低单个模型预测的偏差，有利于提高预测模型的精准度。该模型有两种方法。

（1）简单平均法，即对各个预测模型的结果求平均值，计算较为简单，在一定程度上可以减少单个模型预测的偏差。但该方法没有突出预测效果较好的模型，无法使优势模型的长处得以发挥。

（2）加权平均法，即对每个模型赋予不同的权重，根据权重进行加总求和，可以弥补简单平均法的缺陷。计算方法是，先计算各省区每个模型预测值与实际值的误差数总和，权重取每个模型自身对历史趋势预测的误差的倒数，再进行归一化。根据误差分析赋予每个模型不同的权重，这种方法将各个模型的预测结果纳入组合计算，可以突出预测效果较好的模型的优势。

二　实证分析

经过单位根检验和协整检验（见表 6-4），发现贵州省的数据非平稳和非协整，不能用上述模型进行预测，因此，对其他省区的时间序列数据建立模型进行估计。

（一）基于 ARMA 模型的历史趋势预测

除贵州省外其他省区的生态约束和绿色增长变量均存在一阶单整关系，本节将面板数据进行拆分，得到 6 个时间序列。首先对变量进行一阶差分，再通过自相关和偏自相关检验，根据结果在 AR、MA 和 ARMA 三种模型中进行选择。进行一阶差分后的时间序列自相关系数很快趋于 0，数据平稳；在偏自相关的分析中，$k=1$ 后已显著为 0，可以认为序列的偏自相关函数具有截尾性。因此，对序列可建立 AR（1）模型。同样，观察自相关序列，自相关系数若在 $k=1$ 后表现为截尾性，可以建立 MA（1）模型。经过以上模型的识别确定阶数，具体模型选择结果见表 6-5。

表 6-4　单位根检验和协整检验结果

序列	变量	统计量	差分前			一阶差分后			协整检验
			ADF 检验	PP 检验	结果	ADF 检验	PP 检验	结果	
1	*GTFP*	Z	-1.52	-1.673	非平稳	-2.997	-2.687	平稳	是
		p	0.523	0.4452		0.0352	0.0763		
	EN	Z	-2.035	-2.016	非平稳	-2.737	-2.595	平稳	
		p	0.2712	0.2796		0.0679	0.094		
2	*GTFP*	Z	-1.264	-1.361	非平稳	-4.108	-4.178	平稳	是
		p	0.6456	0.6008		0.0009	0.0007		
	EN	Z	-1.503	-1.52	非平稳	-3.27	-3.241	平稳	
		p	0.532	0.5236		0.0163	0.0177		
3	*GTFP*	Z	-2.637	-2.649	平稳				否
		p	0.0857	0.0833					
	EN	Z	-1.792	-1.796	非平稳	-3.419	-3.108	平稳	
		p	0.3843	0.3823		0.0103	0.026		
4	*GTFP*	Z	-0.151	-0.202	非平稳	-3.715	-3.711	平稳	是
		p	0.9923	0.9383		0.0039	0.004		
	EN	Z	-1.043	-1.169	非平稳	-2.886	-2.9	平稳	
		p	0.7373	0.6867		0.0471	0.0454		

续表

序列	变量	统计量	差分前			一阶差分后			协整检验
			ADF 检验	PP 检验	结果	ADF 检验	PP 检验	结果	
5	*GTFP*	Z	-2. 434	-2. 359	非平稳	-3. 377	-3. 376	平稳	是
		p	0. 3618	0. 1535		0. 0118	0. 0118		
	EN	Z	-1. 192	-1. 220	非平稳	-3. 155	-2. 868	平稳	
		p	0. 6768	0. 6651		0. 0228	0. 0492		
6	*GTFP*	Z	-0. 705	-1. 238	非平稳	-3. 568	-3. 585	平稳	是
		p	0. 9728	0. 6571		0. 0064	0. 0061		
	EN	Z	-0. 14	-0. 805	非平稳	-3. 342	-2. 961	平稳	
		p	0. 9925	0. 9653		0. 0597	0. 0387		
7	*GTFP*	Z	-1. 84	-1. 825	非平稳	-5. 296	-5. 298	平稳	是
		p	0. 3606	0. 3679		0	0		
	EN	Z	-1. 263	-1. 3	非平稳	-2. 715	-2. 586	平稳	
		p	0. 646	0. 6291		0. 0714	0. 096		

注：1~7 分别表示甘肃、广西、贵州、内蒙古、陕西、四川、云南，下表同。

表 6-5 序列模型选择

序列	绿色增长	生态约束
1	ARMA(1,1)	ARMA(1,1)
2	ARMA(1,1)	ARMA(1,1)
4	ARMA(1,1)	ARMA(1,1)
5	ARMA(1,1)	ARMA(1,1)
6	ARMA(1,1)	ARMA(1,1)
7	ARMA(1,1)	ARMA(1,1)

（二）基于 VAR 模型的历史趋势预测

根据本书第五章的相关检验可知，*GTFP* 与 *EN* 存在双向因果关系，且两者是一阶单整的。已有文献中，有学者认为必须是平稳时间序列才可用 VAR 模型，但另一部分学者认为同阶单整也可以进行 VAR 模型检验，对模型应用的观点不一致。本书根据大部分文献的研究方法，运用 VAR 模型进行预测。首先，确定 VAR 模型的滞后阶数，具体结果见表 6-6。

表 6-6 滞后阶数选择

序列	滞后阶数
1	2
2	1
4	1
5	1
6	1
7	1

（三）基于 VEC 模型的历史趋势预测

VEC 模型是在 VAR 模型的基础上加上协整约束条件，与 VAR 模型有相近之处。由于生态约束与绿色增长之间存在协整关系，因此可运用 VEC 模型进行预测。

（四）三种模型的历史趋势预测结果对比

本章利用上述三种模型分别对我国欠发达的6个省区2005～2019年的生态约束和绿色增长的历史趋势进行预测，并与实际值进行比较，各模型的预测值及相对预测误差率分别见表6-7、表6-8。

表6-7　三种模型下生态约束的预测值和误差率比较

省区	年份	实际值	ARMA模型		VAR模型		VEC模型	
			预测值	误差率（%）	预测值	误差率（%）	预测值	误差率（%）
甘肃	2005	0.32	0.37	14.49	0.36	12.78	0.35	8.26
	2006	0.31	0.30	2.18	0.34	11.47	0.32	4.89
	2007	0.28	0.31	9.70	0.32	14.18	0.30	5.76
	2008	0.26	0.27	4.47	0.30	15.95	0.28	9.17
	2009	0.23	0.26	9.52	0.28	19.80	0.27	16.10
	2010	0.23	0.23	3.56	0.26	10.54	0.26	10.25
	2011	0.21	0.24	13.97	0.24	14.19	0.24	16.11
	2012	0.18	0.20	8.49	0.22	20.53	0.23	23.83
	2013	0.18	0.18	3.75	0.21	18.87	0.21	22.28
	2014	0.17	0.18	6.19	0.20	18.52	0.20	20.64
	2015	0.16	0.17	5.88	0.19	20.30	0.19	19.00
	2016	0.16	0.16	0.88	0.18	17.71	0.17	10.58
	2017	0.16	0.16	1.34	0.18	15.42	0.16	0.34
	2018	0.16	0.16	1.16	0.18	12.69	0.14	11.73
	2019	0.16	0.17	4.65	0.19	17.50	0.13	19.22
广西	2005	0.34	0.36	5.53	0.33	3.36	0.34	0.97
	2006	0.33	0.33	0.04	0.33	1.33	0.32	2.08
	2007	0.30	0.32	6.40	0.31	3.54	0.30	0.64
	2008	0.28	0.30	6.75	0.28	0.77	0.28	1.86
	2009	0.25	0.27	7.20	0.28	11.68	0.26	4.06
	2010	0.26	0.25	4.78	0.21	20.52	0.24	6.02
	2011	0.23	0.26	11.31	0.23	1.09	0.23	3.27
	2012	0.19	0.23	17.75	0.15	21.49	0.21	9.29
	2013	0.18	0.19	7.14	0.19	5.64	0.20	13.51
	2014	0.17	0.18	4.40	0.13	24.05	0.19	12.44

续表

省区	年份	实际值	ARMA 模型		VAR 模型		VEC 模型	
			预测值	误差率（%）	预测值	误差率（%）	预测值	误差率（%）
广西	2015	0.16	0.17	5.92	0.16	1.47	0.18	13.75
	2016	0.16	0.16	3.66	0.16	2.18	0.18	15.01
	2017	0.15	0.16	7.27	0.18	21.33	0.19	22.53
	2018	0.18	0.15	14.22	0.21	17.32	0.19	7.81
	2019	0.20	0.16	17.30	0.24	23.55	0.21	5.34
内蒙古	2005	0.27	0.27	0.49	0.27	0.18	0.26	3.17
	2006	0.25	0.26	1.88	0.26	2.35	0.25	2.91
	2007	0.23	0.24	4.48	0.25	6.35	0.24	2.29
	2008	0.21	0.23	9.84	0.24	14.88	0.23	9.73
	2009	0.18	0.20	11.35	0.22	25.29	0.21	20.92
	2010	0.18	0.17	3.83	0.20	15.11	0.21	17.26
	2011	0.18	0.18	4.41	0.19	7.27	0.20	14.90
	2012	0.16	0.18	8.62	0.17	7.01	0.19	18.44
	2013	0.14	0.16	11.36	0.16	10.64	0.19	33.14
	2014	0.15	0.14	3.51	0.15	0.09	0.19	28.53
	2015	0.14	0.16	8.66	0.14	0.35	0.18	25.03
	2016	0.15	0.15	2.52	0.15	3.24	0.19	24.06
	2017	0.15	0.16	4.64	0.15	1.58	0.19	28.70
	2018	0.16	0.15	2.43	0.17	6.70	0.18	14.93
	2019	0.17	0.16	2.04	0.19	13.70	0.19	12.61
陕西	2005	0.30	0.31	1.46	0.30	1.22	0.30	1.40
	2006	0.28	0.30	7.50	0.28	1.94	0.29	3.62
	2007	0.25	0.26	3.75	0.26	2.16	0.27	7.14
	2008	0.23	0.24	6.62	0.23	1.66	0.26	11.69
	2009	0.20	0.22	10.60	0.21	4.75	0.24	21.94
	2010	0.20	0.19	3.17	0.19	5.08	0.23	17.68
	2011	0.17	0.20	14.50	0.17	3.91	0.21	20.71
	2012	0.16	0.17	6.67	0.15	2.00	0.19	23.81
	2013	0.14	0.15	12.96	0.14	3.29	0.16	16.69
	2014	0.13	0.13	1.96	0.13	2.47	0.15	12.55
	2015	0.13	0.13	5.50	0.13	3.19	0.15	14.25
	2016	0.13	0.13	0.26	0.13	2.57	0.16	23.96
	2017	0.12	0.13	8.52	0.14	11.45	0.15	22.48

续表

省区	年份	实际值	ARMA 模型		VAR 模型		VEC 模型	
			预测值	误差率（%）	预测值	误差率（%）	预测值	误差率（%）
陕西	2018	0. 13	0. 12	3. 57	0. 15	13. 19	0. 14	8. 29
	2019	0. 13	0. 14	7. 49	0. 15	18. 33	0. 13	1. 32
四川	2005	0. 77	0. 81	5. 02	0. 80	3. 93	0. 81	5. 12
	2006	0. 73	0. 74	1. 42	0. 79	8. 54	0. 78	6. 95
	2007	0. 68	0. 72	5. 80	0. 74	10. 15	0. 74	9. 81
	2008	0. 61	0. 65	5. 74	0. 70	14. 56	0. 69	13. 44
	2009	0. 54	0. 59	9. 44	0. 64	19. 41	0. 64	19. 31
	2010	0. 52	0. 51	2. 79	0. 57	8. 30	0. 59	12. 40
	2011	0. 48	0. 53	11. 42	0. 51	6. 87	0. 54	13. 27
	2012	0. 42	0. 45	7. 74	0. 41	1. 27	0. 50	19. 28
	2013	0. 35	0. 40	14. 60	0. 37	4. 77	0. 40	14. 18
	2014	0. 34	0. 33	1. 05	0. 26	21. 02	0. 39	17. 54
	2015	0. 31	0. 35	10. 27	0. 25	18. 90	0. 38	20. 35
	2016	0. 31	0. 30	0. 24	0. 27	12. 44	0. 30	0. 44
	2017	0. 29	0. 32	10. 28	0. 20	29. 77	0. 30	3. 52
	2018	0. 30	0. 28	5. 58	0. 26	12. 54	0. 29	2. 43
	2019	0. 29	0. 31	8. 20	0. 24	16. 59	0. 32	9. 33
云南	2005	0. 44	0. 44	0. 09	0. 41	7. 28	0. 44	1. 50
	2006	0. 43	0. 44	0. 88	0. 43	0. 50	0. 42	2. 44
	2007	0. 41	0. 42	3. 34	0. 40	3. 23	0. 40	1. 88
	2008	0. 38	0. 40	6. 41	0. 41	10. 44	0. 38	2. 34
	2009	0. 34	0. 36	7. 07	0. 38	12. 09	0. 36	7. 56
	2010	0. 35	0. 33	5. 77	0. 39	12. 64	0. 34	0. 58
	2011	0. 33	0. 35	6. 47	0. 36	8. 01	0. 33	1. 72
	2012	0. 30	0. 32	7. 46	0. 36	21. 21	0. 31	3. 87
	2013	0. 25	0. 29	14. 31	0. 31	21. 49	0. 30	16. 94
	2014	0. 24	0. 24	0. 53	0. 28	17. 14	0. 28	17. 53
	2015	0. 22	0. 25	12. 50	0. 25	15. 73	0. 27	24. 70
	2016	0. 22	0. 21	2. 05	0. 23	7. 19	0. 26	21. 19
	2017	0. 20	0. 22	8. 57	0. 21	3. 95	0. 25	22. 00
	2018	0. 21	0. 20	4. 80	0. 26	20. 72	0. 24	12. 00
	2019	0. 21	0. 22	6. 35	0. 23	9. 81	0. 23	8. 21

根据表 6-7 的结果，比较生态约束 2005~2019 年三个模型的预测结果，ARMA 模型最大误差率为广西 2012 年的 17.75%，平均误差率为 6.37%，误差率的标准差为 0.04。VAR 模型最大误差率为四川 2017 年的 29.77%，平均误差率为 10.58%，误差率的标准差为 0.08。VEC 模型最大误差率为内蒙古 2013 年的 33.14%，平均误差率为 12.14%，误差率的标准差为 0.08。从平均误差率比较可以得出，ARMA 模型预测结果最优。整体上看，三种模型预测的趋势大致相似，生态约束水平总体呈缓慢下降趋势，与当前经济定位和理论研究结论基本相符。

表 6-8　三种模型下绿色增长的预测值和误差率比较

省区	年份	实际值	ARMA 模型		VAR 模型		VEC 模型	
			预测值	误差率（%）	预测值	误差率（%）	预测值	误差率（%）
甘肃	2005	1.00	1.00	0.13	1.00	0.13	1.00	0.41
	2006	1.00	1.00	0.29	1.00	0.04	1.01	0.74
	2007	1.00	1.00	0.05	1.01	0.19	1.01	0.92
	2008	1.01	1.01	0.53	1.01	0.40	1.01	0.09
	2009	1.01	1.01	0.17	1.01	0.24	1.01	0.10
	2010	1.01	1.01	0.30	1.01	0.59	1.01	0.47
	2011	1.00	1.00	0.02	1.01	0.84	1.01	0.58
	2012	1.01	1.01	0.10	1.01	0.63	1.01	0.36
	2013	1.02	1.01	0.63	1.01	0.05	1.01	0.31
	2014	1.02	1.02	0.07	1.02	0.21	1.01	0.43
	2015	1.02	1.01	1.09	1.02	0.82	1.01	1.02
	2016	1.03	1.02	0.79	1.02	1.60	1.01	1.78
	2017	1.03	1.03	0.16	1.02	1.07	1.01	1.24
	2018	1.01	1.02	0.83	1.02	0.67	1.01	0.53
	2019	1.02	1.00	1.61	1.02	0.19	1.02	0.29

续表

省区	年份	实际值	ARMA 模型		VAR 模型		VEC 模型	
			预测值	误差率（%）	预测值	误差率（%）	预测值	误差率（%）
广西	2005	0.99	0.99	0.14	0.99	0.03	1.00	0.64
	2006	1.00	1.00	0.41	1.00	0.50	1.00	0.00
	2007	1.00	1.00	0.07	1.00	0.53	1.01	0.86
	2008	1.01	1.01	0.14	1.01	0.45	1.01	0.44
	2009	1.02	1.01	0.77	1.01	0.79	1.02	0.29
	2010	1.02	1.02	0.19	1.03	1.09	1.02	0.14
	2011	1.02	1.02	0.45	1.02	0.14	1.02	0.04
	2012	1.02	1.02	0.07	1.04	1.96	1.02	0.14
	2013	1.03	1.02	1.42	1.03	0.45	1.03	0.58
	2014	1.03	1.03	0.02	1.04	1.14	1.03	0.39
	2015	1.05	1.03	1.81	1.03	1.32	1.03	1.25
	2016	1.04	1.04	0.14	1.03	0.87	1.03	0.27
	2017	1.04	1.03	0.61	1.02	1.41	1.04	0.16
	2018	1.01	1.03	1.91	1.00	1.17	1.04	2.12
	2019	1.03	1.02	1.09	1.01	1.82	1.04	1.73
内蒙古	2005	1.00	1.02	2.09	0.99	1.13	1.00	0.08
	2006	1.00	1.02	2.10	1.02	1.84	1.01	1.03
	2007	1.00	1.02	2.45	1.04	3.69	1.02	2.35
	2008	1.00	1.03	2.41	1.06	5.52	1.04	3.59
	2009	1.04	1.03	0.83	1.07	3.42	1.04	0.71
	2010	1.15	1.02	10.78	1.08	5.79	1.05	8.52
	2011	1.08	1.00	7.11	1.08	0.34	1.04	3.46
	2012	1.09	0.99	8.81	1.07	1.20	1.03	4.96
	2013	1.07	0.98	8.72	1.06	1.52	1.01	6.09
	2014	1.03	0.97	5.95	1.03	0.13	0.99	4.34
	2015	1.07	0.97	9.32	1.00	6.69	0.95	11.36
	2016	1.04	0.96	7.02	0.96	7.35	0.92	11.22
	2017	1.06	0.96	9.41	0.92	13.57	0.87	18.28
	2018	1.01	1.04	3.45	0.88	13.08	0.83	17.26
	2019	1.03	1.04	0.77	0.84	18.92	0.77	25.30

续表

省区	年份	实际值	ARMA 模型		VAR 模型		VEC 模型	
			预测值	误差率（%）	预测值	误差率（%）	预测值	误差率（%）
陕西	2005	0.99	1.01	1.55	0.98	1.25	0.99	0.75
	2006	1.00	1.01	0.36	0.99	1.37	1.01	0.59
	2007	1.00	1.01	0.57	1.00	0.52	1.03	2.31
	2008	1.01	1.01	0.10	1.01	0.18	0.99	1.72
	2009	1.01	1.01	0.09	1.02	0.52	0.98	2.50
	2010	1.01	1.01	0.21	1.02	1.27	1.05	3.74
	2011	1.01	1.01	0.35	1.03	1.94	1.04	3.00
	2012	1.02	1.01	0.73	1.03	1.23	0.95	7.24
	2013	1.04	1.02	2.72	1.04	0.74	1.00	4.64
	2014	1.03	1.02	0.84	1.04	0.76	1.13	9.44
	2015	1.01	1.02	1.08	1.04	2.57	1.01	0.53
	2016	1.02	1.02	0.29	1.04	1.28	0.84	17.49
	2017	1.16	1.02	12.31	1.03	11.15	1.09	6.02
	2018	1.02	1.04	2.60	1.03	1.39	1.26	23.98
	2019	1.09	1.04	5.05	1.03	5.65	0.81	25.75
四川	2005	1.00	1.02	2.33	0.99	0.80	1.02	1.71
	2006	1.00	1.02	2.14	0.99	1.08	0.98	2.07
	2007	1.00	1.02	2.00	0.99	1.02	1.01	0.37
	2008	1.01	1.02	1.66	1.00	0.95	1.01	0.42
	2009	1.01	1.02	1.74	1.00	0.26	1.00	1.04
	2010	1.01	1.02	1.87	1.01	0.66	1.02	1.14
	2011	1.01	1.02	0.90	1.02	0.58	1.02	0.41
	2012	1.02	1.02	0.13	1.03	0.75	1.02	0.64
	2013	1.05	1.02	2.23	1.04	0.74	1.04	1.12
	2014	1.02	1.02	0.08	1.05	2.44	1.04	1.85
	2015	1.03	1.02	0.55	1.05	2.42	1.05	2.05
	2016	1.03	1.02	0.28	1.06	3.17	1.07	4.63
	2017	1.24	1.02	17.08	1.06	14.10	1.09	11.70
	2018	1.02	1.02	0.01	1.06	3.49	1.11	8.82
	2019	1.13	1.02	9.37	1.06	6.54	1.15	1.77

续表

省区	年份	实际值	ARMA 模型		VAR 模型		VEC 模型	
			预测值	误差率（%）	预测值	误差率（%）	预测值	误差率（%）
云南	2005	0.99	1.00	0.43	0.99	0.11	1.00	0.60
	2006	1.00	1.00	0.17	1.00	0.42	1.00	0.54
	2007	1.00	1.00	0.08	0.99	0.92	1.00	0.26
	2008	1.00	1.01	0.25	1.00	0.06	1.00	0.37
	2009	1.01	1.01	0.06	1.00	0.63	1.00	0.25
	2010	1.01	1.01	0.31	1.01	0.28	1.00	0.78
	2011	1.01	1.01	0.06	1.01	0.28	1.01	0.41
	2012	1.01	1.01	0.02	1.02	1.20	1.01	0.43
	2013	1.03	1.01	1.94	1.02	1.49	1.01	2.19
	2014	1.02	1.02	0.03	1.03	0.72	1.01	1.11
	2015	1.04	1.02	1.83	1.02	1.47	1.01	2.55
	2016	1.04	1.03	1.35	1.03	1.29	1.01	2.68
	2017	1.06	1.03	2.95	1.03	3.38	1.02	4.41
	2018	1.01	1.04	3.11	1.02	0.87	1.02	0.63
	2019	1.04	1.02	1.48	1.03	1.22	1.02	1.59

根据表 6-8 的结果，比较绿色增长 2005~2019 年三种模型的预测结果，ARMA 模型最大误差率为四川 2017 年的 17.08%，平均误差率为 2.03%，误差率的标准差为 0.03。VAR 模型最大误差率为内蒙古 2019 年的 18.92%，平均误差率为 2.12%，误差率的标准差为 0.03。VEC 模型最大误差率为陕西 2019 年的 25.75%，平均误差率为 3.39%，误差率的标准差为 0.06。从平均误差率比较可以得出，ARMA 模型预测结果最优。整体而言，绿色增长水平呈波动趋势。

（五）综合集成预测模型的历史趋势预测结果

为降低单个模型预测的误差，采用三个模型组合进行集成预测。通过权重计算和综合预测，得到组合权重下的集成预测结果，见表 6-9。

表 6-9 综合集成预测模型下的预测值和误差率比较

省区	年份	EN			GTFP		
		实际值	综合预测值	误差率（%）	实际值	综合预测值	误差率（%）
甘肃	2005	0. 32	0. 36	11. 83	1. 00	1. 00	0. 22
	2006	0. 31	0. 32	4. 94	1. 00	1. 01	0. 44
	2007	0. 28	0. 31	9. 96	1. 00	1. 01	0. 51
	2008	0. 26	0. 29	10. 04	1. 01	1. 01	0. 18
	2009	0. 23	0. 27	15. 29	1. 01	1. 01	0. 09
	2010	0. 23	0. 25	5. 94	1. 01	1. 01	0. 47
	2011	0. 21	0. 24	14. 76	1. 00	1. 01	0. 55
	2012	0. 18	0. 22	17. 78	1. 01	1. 01	0. 35
	2013	0. 18	0. 20	15. 17	1. 02	1. 01	0. 30
	2014	0. 17	0. 19	15. 28	1. 02	1. 01	0. 29
	2015	0. 16	0. 18	15. 26	1. 02	1. 01	0. 97
	2016	0. 16	0. 17	9. 98	1. 03	1. 02	1. 53
	2017	0. 16	0. 17	5. 94	1. 03	1. 02	0. 97
	2018	0. 16	0. 16	0. 19	1. 01	1. 02	0. 63
	2019	0. 16	0. 16	1. 25	1. 02	1. 01	0. 52
广西	2005	0. 34	0. 34	0. 43	0. 99	1. 00	0. 28
	2006	0. 33	0. 33	0. 28	1. 00	1. 00	0. 25
	2007	0. 30	0. 31	3. 08	1. 00	1. 01	0. 25
	2008	0. 28	0. 29	3. 15	1. 01	1. 01	0. 32
	2009	0. 25	0. 27	7. 60	1. 02	1. 01	0. 28
	2010	0. 26	0. 23	10. 33	1. 02	1. 02	0. 24
	2011	0. 23	0. 24	2. 33	1. 02	1. 02	0. 12
	2012	0. 19	0. 20	2. 09	1. 02	1. 03	0. 68
	2013	0. 18	0. 19	8. 81	1. 03	1. 03	0. 71
	2014	0. 17	0. 17	2. 15	1. 03	1. 03	0. 18
	2015	0. 16	0. 17	7. 12	1. 05	1. 03	1. 39
	2016	0. 16	0. 17	5. 60	1. 04	1. 03	0. 38
	2017	0. 15	0. 18	17. 02	1. 04	1. 03	0. 66
	2018	0. 18	0. 19	3. 53	1. 01	1. 02	1. 01
	2019	0. 20	0. 21	3. 69	1. 03	1. 03	0. 00

续表

省区	年份	EN			GTFP		
		实际值	综合预测值	误差率（%）	实际值	综合预测值	误差率（%）
内蒙古	2005	0.27	0.26	0.90	1.00	1.00	0.08
	2006	0.25	0.25	0.35	1.00	1.02	1.74
	2007	0.23	0.24	4.33	1.00	1.03	3.02
	2008	0.21	0.23	11.46	1.00	1.04	4.15
	2009	0.18	0.21	19.31	1.04	1.05	1.53
	2010	0.18	0.20	9.84	1.15	1.06	7.91
	2011	0.18	0.19	9.04	1.08	1.05	2.77
	2012	0.16	0.18	11.54	1.09	1.04	4.35
	2013	0.14	0.17	18.78	1.07	1.02	4.72
	2014	0.15	0.16	8.95	1.03	1.00	2.83
	2015	0.14	0.16	11.44	1.07	0.98	8.51
	2016	0.15	0.16	6.58	1.04	0.95	8.09
	2017	0.15	0.17	12.09	1.06	0.92	13.32
	2018	0.16	0.17	6.68	1.01	0.92	8.93
	2019	0.17	0.18	8.31	1.03	0.89	14.28
陕西	2005	0.30	0.30	0.40	0.99	0.99	0.61
	2006	0.28	0.29	4.36	1.00	1.00	0.02
	2007	0.25	0.26	4.43	1.00	1.02	1.26
	2008	0.23	0.24	6.81	1.01	1.00	1.04
	2009	0.20	0.22	12.70	1.01	1.00	1.28
	2010	0.20	0.20	3.53	1.01	1.04	2.57
	2011	0.17	0.19	10.78	1.01	1.03	2.36
	2012	0.16	0.17	9.90	1.02	0.98	3.92
	2013	0.14	0.15	11.17	1.04	1.01	3.25
	2014	0.13	0.14	5.84	1.03	1.09	5.59
	2015	0.13	0.14	7.83	1.01	1.02	0.59
	2016	0.13	0.14	9.14	1.02	0.92	9.80
	2017	0.12	0.14	14.35	1.16	1.07	8.32
	2018	0.13	0.14	5.96	1.02	1.17	14.64
	2019	0.13	0.14	8.80	1.09	0.90	17.23

续表

省区	年份	EN			GTFP		
		实际值	综合预测值	误差率（%）	实际值	综合预测值	误差率（%）
四川	2005	0.77	0.81	4.71	1.00	1.01	1.00
	2006	0.73	0.77	5.63	1.00	1.00	0.63
	2007	0.68	0.73	8.59	1.00	1.01	0.31
	2008	0.61	0.68	11.25	1.01	1.01	0.26
	2009	0.54	0.62	16.07	1.01	1.01	0.05
	2010	0.52	0.56	6.06	1.01	1.02	1.16
	2011	0.48	0.53	10.61	1.01	1.02	0.59
	2012	0.42	0.45	8.89	1.02	1.02	0.05
	2013	0.35	0.39	11.31	1.05	1.03	1.28
	2014	0.34	0.33	0.94	1.02	1.04	1.60
	2015	0.31	0.33	4.47	1.03	1.05	1.50
	2016	0.31	0.29	4.21	1.03	1.06	2.85
	2017	0.29	0.27	4.88	1.24	1.06	13.93
	2018	0.30	0.28	6.70	1.02	1.07	4.67
	2019	0.29	0.29	0.67	1.13	1.08	4.01
云南	2005	0.44	0.43	2.95	0.99	1.00	0.27
	2006	0.43	0.43	0.36	1.00	1.00	0.31
	2007	0.41	0.41	0.64	1.00	1.00	0.40
	2008	0.38	0.40	6.43	1.00	1.00	0.09
	2009	0.34	0.37	8.95	1.01	1.00	0.23
	2010	0.35	0.35	2.24	1.01	1.01	0.18
	2011	0.33	0.35	4.26	1.01	1.01	0.13
	2012	0.30	0.33	10.95	1.01	1.01	0.35
	2013	0.25	0.30	17.64	1.03	1.01	1.83
	2014	0.24	0.27	11.52	1.02	1.02	0.08
	2015	0.22	0.26	17.67	1.04	1.02	1.82
	2016	0.22	0.23	8.85	1.04	1.03	1.54
	2017	0.20	0.23	11.48	1.06	1.03	3.33
	2018	0.21	0.23	9.50	1.01	1.03	1.95
	2019	0.21	0.23	8.15	1.04	1.02	1.41

根据表 6-9 中生态约束 2005~2019 年综合集成预测模型的预测结果，最大误差率为内蒙古 2009 年的 19.31%，平均误差率为 7.92%，误差率的标准差为 0.05。绿色增长最大误差率为陕西 2019 年的 17.23%，平均误差率为 2.46%，误差率的标准差为 0.04。集成预测之后对比其他三类模型的预测结果，综合集成预测模型的预测结果更加稳定，精准度相对较高，较好地避免了单个模型预测带来的问题。

（六）综合集成预测模型对未来五年的趋势预测

实证表明综合集成预测模型的预测结果较为稳定，因此运用综合集成预测模型对 6 个省区的数据进行预测，结果见表 6-10。

表 6-10 综合集成预测模型下的预测值

省区	年份	生态约束预测值	绿色增长预测值
甘肃	2020	0.16	1.01
	2021	0.16	1.01
	2022	0.16	1.01
	2023	0.16	1.02
	2024	0.16	1.02
	2025	0.17	1.02
	2026	0.17	1.02
广西	2020	0.26	1.02
	2021	0.25	1.02
	2022	0.32	1.01
	2023	0.31	1.02
	2024	0.37	1.01
	2025	0.38	1.02
	2026	0.41	1.02
内蒙古	2020	0.20	0.86
	2021	0.20	0.84
	2022	0.22	0.83
	2023	0.25	0.83
	2024	0.25	0.84
	2025	0.27	0.85
	2026	0.29	0.88

续表

省区	年份	生态约束预测值	绿色增长预测值
陕西	2020	0.14	0.84
	2021	0.14	1.28
	2022	0.14	1.21
	2023	0.14	0.55
	2024	0.14	0.88
	2025	0.14	1.81
	2026	0.14	0.96
四川	2020	0.30	1.10
	2021	0.33	1.11
	2022	0.40	1.13
	2023	0.44	1.15
	2024	0.50	1.19
	2025	0.45	1.22
	2026	0.43	1.27
云南	2020	0.23	1.02
	2021	0.23	1.02
	2022	0.24	1.01
	2023	0.20	1.01
	2024	0.20	1.00
	2025	0.20	1.01
	2026	0.21	1.00

注：由于本书创作在2021年，所以预测的未来五年为2022~2026年，但2020年和2021年数据缺失，因此将这两年也进行了预测。

根据表6-10的结果，可看出相对于单个模型预测，综合集成预测模型在一定程度上避免了个体模型的局限，结果相对稳定。根据预测结果，未来五年，预测的6个省区的绿色增长水平处于波动状态，但趋势上更接近效率前沿面，即绿色投入产出的效率改善。生态约束水平各省区的变化趋势有所不同，其中甘肃、内蒙古的生态约束水平缓慢提升，云南的生态约束水平有所下降，广西和四川的生态约束水平波动提升，陕西的生态约束水平不变。

第七节　本章小结

本章首先对欠发达的 7 个省区的生态约束与绿色增长之间的关系进行初步拟合，提出二者之间的关系曲线体现为“U 形”左侧部分的假设，进而考虑到绿色增长中产业结构的作用不容忽视，将产业结构优化的两个维度，即产业结构高级化、产业结构合理化作为控制变量纳入分析模型。其次，现有生态约束的研究对空间效应关注不足，根据解释变量和被解释变量的空间相关性检验，发现两者之间存在空间关系，因此将空间分析纳入模型研究，提出假说 6-2，并利用空间计量模型对生态约束与绿色增长之间是否存在环境库兹涅茨曲线进行再验证。最后，建立由 ARMA 模型、VAR 模型和 VEC 模型组成的综合集成预测模型。基于上述预测模型，对欠发达地区未来五年的生态约束和绿色增长指标进行预测。

（1）欠发达地区生态约束与绿色增长之间呈“U 形”曲线关系。在前期，生态约束对绿色增长有显著的抑制作用，即中国欠发达地区发展初期的绿色增长存在一定程度的“资源诅咒”和“增长阻力”；在中后期生态约束水平越过某个拐点后，生态约束对绿色增长的影响转为显著的正向影响，进入“资源祝福”和释放“结构红利”阶段。

（2）欠发达地区的绿色增长存在生态约束的空间溢出效应，产业结构优化、城镇化率等因素对绿色增长均存在显著的影响。

（3）运用综合集成预测模型对 6 个省区的数据进行预测，结果表明，未来五年，预测的 6 个省区的绿色增长水平处于波动状态，但趋势上更接近效率前沿面，即绿色投入产出的效率改善。生态约束水平各省区的变化趋势有所不同，其中甘肃、内蒙古的生态约束水平缓慢提升，云南的生态约束水平有所下降，广西和四川的生态约束水平波动提升，陕西的生态约束水平不变。

第七章　欠发达地区产业结构在生态约束传导机制中的作用研究

本章通过引入产业生态学、生态经济学的相关理论，对欠发达地区的生态约束进行研究，系统探析欠发达地区生态约束通过产业结构影响绿色增长的机理和作用路径。第六章对中国欠发达地区生态约束与绿色增长的关系进行了再验证，把产业结构作为控制变量纳入分析模型进行考察，发现欠发达地区的生态约束与绿色增长之间的关系曲线体现为“U 形”的左侧部分。但是，以上研究结论没有回答第二章文献分析中对生态约束、产业结构和绿色增长三者关系提出的问题：产业结构是生态约束的传导中介吗？由文献分析可知，生态约束还可能通过产业结构作用于绿色增长，因此本章将通过中介效应模型探索生态约束的传导机制，主要包括两方面的内容：第一，基于欠发达地区生态约束传导机制的作用机理分析，将产业结构优化的两个维度，即产业结构高级化、产业结构合理化分别纳入统一的分析框架中，创建出生态约束传导机制理论模型，提出生态约束通过产业结构作用于绿色增长的待检验假说；第二，在了解相关机理的基础上，本章运用动态面板数据模型，实证分析绿色增长驱动产业结构优化的作用路径，对生态约束、产业结构和绿色增长三者的关系进行了研究。数据来源在第五章进行了说明。

第一节　理论分析与研究假说

国内外学者从不同角度对生态约束和产业结构进行了研究，为研究欠发达地区生态约束对产业结构优化的影响效应提供了理论基础和实施方向。通过对相关文献的梳理与总结，归纳出产业结构是绿色增长的主要影响因素，因此，欠发达地区的生态约束除了直接对绿色增长产生影响外，还有可能通过产业结构对绿色增长产生间接的影响，影响作用具体表现如下。

一　生态约束对产业结构的影响

生态约束驱动产业结构优化体现在以下方面：首先，生态约束提高了企业的污染治理成本，从而提高了行业的新企业进入壁垒，受影响小的行业则获得了更多的进入机会，从而改变了产业结构；其次，生态约束提高了企业的非生产性成本，企业通过成本转嫁，提高了产品的销售价格，价格变动影响消费需求结构，进而影响产业结构；再次，生态约束促进行业基于比较优势进行产业转移，从而影响地区的产业结构；最后，生态约束倒逼企业改进技术或采用新的生产技术、生产工艺和原材料，通过技术创新提高生产率、降低成本，不断推动产业结构的变迁，从而对产业结构产生影响。因此，生态约束不仅影响了产业结构合理化，还影响了产业结构高级化。基于此，本章提出如下假说。

假说 7-1：生态约束促进产业结构高级化，但抑制产业结构合理化。

二　产业结构对绿色增长的影响

传统的产业结构学派认为产业结构调整带来的“结构红利”促进了经济增长。如通过主导产业从低级向高级发展的产业结构演进促进了经济增长。应实现第一、第二、第三产业的依次更替发展，促进生产要素从生产率低的部门向生产率高的部门流动，优先发展生产率高的部门，从而推动经济高速增长。为了解决传统经济增长没有反映资源投入和环境影响的问题，部分学者开始尝试采用绿色全要素生产率来反映经济增长的速度和质量，并对其影响因素进行分析。喻登科等（2022）研究结果证实，产业结构优化显著促进绿色全要素生产率的提高，但产业结构高级化的作用显著强于产业结构合理化的作用。刘赢时等（2018）的研究结果表明，产业结构升级促进了绿色全要素生产率的提高，能源效率与产业结构升级的协同效应促进了绿色全要素生产率的提高。

三　生态约束的传导机制分析

产业结构优化是促进区域经济转型和可持续增长的重要动力。资源和环境对经济增长的影响主要通过产业结构调整来实现。产业结构的优化可以改善资源约束，减少生态环境污染，促进绿色全要素生产率的提高。面对资源和环境的生态约束，必须要促进产业结构优化，提高生产要素利用率以促进经济增长。Peneder（2003）认为产业结构高级化可以减少稀缺资源消耗型产业占比，通过技术进步和节能减排来实现可持续发展的目标。学者们的研究表明，产业结构在生态约束传导机制中发挥着重要作用。基于此，本章提出如下假说。

假说 7-2：产业结构是生态约束影响绿色增长的传导中介。

四　理论模型

基于上述生态约束驱动因素及其作用机理分析，本章创建出具体影响路径的理论模型（见图 7-1）。

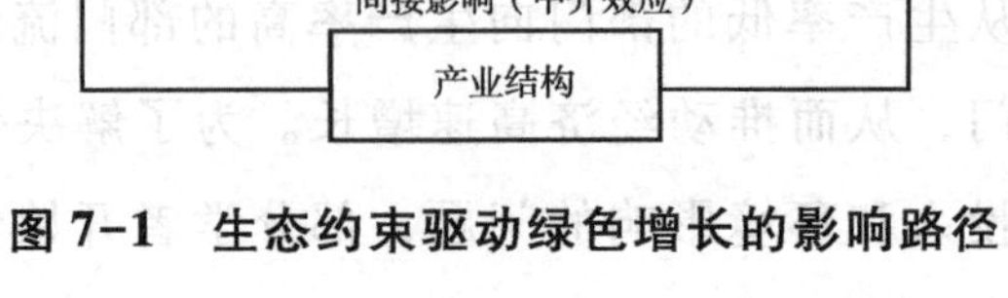

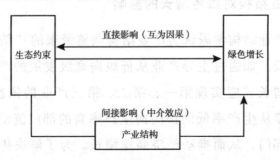

图 7-1　生态约束驱动绿色增长的影响路径

第二节　实证模型设置

中介效应模型可以通过中介变量检验自变量影响因变量的内在机制。本章运用中介效应模型检验了生态约束对绿色增长的直接影响，以及生态约束是否会通过产业结构（高级化和合理化）对绿色增长产生间接影响。

一　样本选取及数据来源

同第五章第二节。

二　变量设置

本书将变量设置为被解释变量（结果）、核心解释变量（原因）、中介变量（中介影响）和控制变量（外部因素），最终选取的变量及其说明如下。

（1）被解释变量：绿色全要素生产率（*GTFP*）。

（2）核心解释变量：生态约束（*EN*）。

（3）中介变量：产业结构高级化（*TS*）、产业结构合理化（*TL*）。

三　中介效应模型

生态约束除直接影响绿色增长外，还可能通过中介因素间接作用于绿色增长，为检验产业结构是否存在中介效应，本书采用 Hayes（2013）提出的中介效应检验方法构建面板中介效应模型。

中介效应模型可以分析自变量影响因变量的过程和作用机理，如果自变量 X 通过影响变量 M 对因变量 Y 产生影响，则称 M 为中介变量。

中介效应分析的逐步检验回归系数的方法分为三步。

$$Y = cX + \varepsilon_1 \quad (7-1)$$

$$M = aX + \varepsilon_2 \quad (7-2)$$

$$Y = c'X + bM + \varepsilon_3 \quad (7-3)$$

第一步：检验式（7-1）的系数 c，即自变量 X 对因变量 Y 的总效应。

第二步：检验式（7-2）的系数 a，即自变量 X 和中介变量 M 的关系。

第三步：控制中介变量 M 后，检验式（7-3）的系数 c' 和系数 b。

判定依据如下。

（1）系数 c 显著，即 H_0：$c=0$ 被拒绝。

（2）系数 a 显著，即 H_0：$a=0$ 被拒绝，且系数 b 显著，即 H_0：$b=0$ 被拒绝。

同时满足以上两个条件，则中介效应显著；如果在满足以上两个条件的同时，在式（7-3）中系数 c' 不显著，则称为完全中介。根据第五、第六章的分析结论，生态约束与绿色增长之间、生态约束与产业结构之间存在空间效应并可能存在内生性问题，因此，对中介效应模型的每一步均采用空间联立方程模型和广义空间三阶段最小二乘估计法（GS3SLS）来进行实证研究，以便更好地控制内生性和空间溢出效应。本书构建的中介效应模型如下：

$$\begin{aligned} GTFP_{it} &= \beta_0 + \rho_1 w_{it} GTFP_{it} + \rho_2 w_{it} EN_{it} + \beta_1 EN_{it} + \\ &\quad \beta_2 EN_{it}^2 + \beta_3 X_{it} + \mu_{it} + \delta_i \\ EN_{it} &= \eta_0 + \rho_1 w_{it} EN_{it} + \rho_2 w_{it} GTFP_{it} + \eta_1 GTFP_{it} + \\ &\quad \eta_2 X_{it} + \varepsilon_{it} + v_i \end{aligned} \quad (7-4)$$

$$\begin{aligned} M_{it} &= \beta_0 + \rho_1 w_{it} M_{it} + \rho_2 w_{it} EN_{it} + \beta_1 EN_{it} + \beta_2 X_{it} + \mu_{it} + \delta_i \\ EN_{it} &= \eta_0 + \rho_1 w_{it} EN_{it} + \rho_2 w_{it} M_{it} + \eta_1 M_{it} + \eta_2 GTFP_{it} + \\ &\quad \eta_3 X_{it} + \varepsilon_{it} + \upsilon_i \end{aligned} \quad (7-5)$$

$$\begin{aligned} GTFP_{it} &= \beta_0 + \rho_1 w_{it} GTFP_{it} + \rho_2 w_{it} EN_{it} + \beta_1 EN_{it} + \beta_2 EN_{it}^2 + \\ &\quad \beta_3 M_{it} + \beta_4 X_{it} + \mu_{it} + \delta_i \\ EN_{it} &= \eta_0 + \rho_1 w_{it} EN_{it} + \rho_2 w_{it} GTFP_{it} + \eta_1 GTFP_{it} + \eta_2 M_{it} + \\ &\quad \eta_3 X_{it} + \varepsilon_{it} + \upsilon_i \end{aligned} \quad (7-6)$$

其中，i 为截面的个体，t 为年份，M_{it}为中介变量，β 为待估系数，μ_{it}、ε_{it}为随机误差项，δ_i、υ_i 为地区个体效应。

第三节　结果和分析

第一步：总效应模型分析。

根据第六章的空间相关性检验，生态约束与绿色增长通过了空间相关性检验，可以进行空间分析。估计的基准模型见空间联立方程式（7-4），结果见表 7-1。

表 7-1　生态约束对绿色增长的直接影响

总效应模型一			
变量	方程 1(*GTFP*)	变量	方程 2(*EN*)
wGTFP	-0.012 (0.009)	*wEN*	0.158*** (0.024)
wEN	0.005 (0.004)	*wGTFP*	-0.285*** (0.062)
EN	-0.137*** (0.049)	*GTFP*	-2.944*** (1.093)
EN^2	0.021** (0.010)	*FI*	0.297*** (0.082)
FI	0.023** (0.010)	*EDU*	-33.183*** (10.746)

续表

总效应模型一			
变量	方程 1(*GTFP*)	变量	方程 2(*EN*)
OP	0.141 (0.364)	*ER*	2.194* (1.206)
TR	−1.238 (0.796)	*IP*	−2.217*** (0.452)
IP	−0.227*** (0.075)	*CZ*	0.024** (0.011)
CZ	0.003** (0.001)	常数项	3.843*** (1.074)
常数项	1.080*** (0.064)		

注：***、**、*分别表示在1%、5%、10%的水平下显著，括号内数值为标准误。

根据总效应模型一的结果，方程1生态约束一次项的系数在1%的水平下显著为负，大小为-0.137；二次项的系数在5%的水平下显著为正，大小是0.021。这再次印证了欠发达地区生态约束与绿色增长的关系曲线呈“U形”。

第二步：假说7-1的验证。

生态约束对产业结构的影响分析。根据第五、第六章的检验结果，生态约束和产业结构高级化、产业结构合理化存在空间相关性，并可能存在内生性问题，估计的模型见空间联立方程式(7-5)。为检验生态约束通过产业结构影响绿色增长的作用路径，分别将产业结构高级化（*TS*）和产业结构合理化（*TL*）作为模型二中方程3、模型三中方程5的因变量，然后逐一检验产业结构高级化（*TS*）和产业结构合理化（*TL*）两种中介效应，估计结果见表7-2。

表 7-2 生态约束对中介变量的回归结果

模型二				模型三			
变量	方程 3 (*TS*)	变量	方程 4 (*EN*)	变量	方程 5 (*TL*)	变量	方程 6 (*EN*)
wTS	0.053* (0.031)	*wEN*	0.073** (0.032)	*wTL*	0.011 (0.019)	*wEN*	0.078*** (0.027)
wEN	-0.031* (0.017)	*wTS*	-0.117* (0.061)	*wEN*	-0.002 (0.006)	*wTL*	-0.232*** (0.085)
EN	0.448*** (0.065)	*TS*	1.988*** (0.297)	*EN*	-0.069* (0.040)	*TL*	-1.961*** (0.731)
FI	-0.042 (0.026)	*GTFP*	-0.024 (0.356)	*FI*	-0.047*** (0.016)	*GTFP*	-0.788 (0.650)
OP	0.180 (0.687)	*FI*	0.094* (0.054)	*OP*	1.092** (0.455)	*FI*	0.191** (0.085)
TR	-1.232 (1.894)	*EDU*	3.506 (8.449)	*TR*	3.367*** (1.246)	*EDU*	-21.657** (10.552)
IP	1.804*** (0.242)	*ER*	0.573 (0.626)	*IP*	-0.125 (0.152)	*ER*	1.954 (1.256)
CZ	-0.018*** (0.003)	*IP*	-3.857*** (0.507)	*CZ*	0.002 (0.002)	*IP*	-2.886*** (0.439)
常数项	0.724*** (0.164)	*CZ*	-0.035*** (0.007)	常数项	0.731*** (0.074)	*CZ*	0.029*** (0.011)
		常数项	-1.241* (0.635)			常数项	2.980*** (0.858)

注：*** 、** 、* 分别表示在 1%、5%、10%的水平下显著，括号内数值为标准误。

从表 7-2 方程 3 和方程 5 的结果可以发现，生态约束的回归系数显著，这表明可进一步分析以产业结构高级化、产业结构合理化为中介变量的中介效应。方程 3 中生态约束的回归系数显著为正，方程 5 中生态约束的回归系数显著为负，表明生态约束促进产业结构高级化，但抑制产业结构合理化。假说 7-1 得以验证。

第三步：假说 7-2 的验证。

生态约束、产业结构与绿色增长的中介关系分析。根据第五、

第六章的检验，生态约束与绿色增长互为因果关系，并存在空间相关性。根据空间联立方程式（7-6），将产业结构高级化（*TS*）代入 M_{it}，得方程 7 和方程 8；将产业结构合理化（*TL*）代入 M_{it}，得方程 9 和方程 10。估计结果见表 7-3。

表 7-3 生态约束、产业结构与绿色增长的中介效应检验结果

模型四				模型五			
变量	方程 7 (*GTFP*)	变量	方程 8 (*EN*)	变量	方程 9 (*GTFP*)	变量	方程 10 (*EN*)
wGTFP	-0.011 (0.010)	*wEN*	0.156*** (0.025)	*wGTFP*	-0.012 (0.009)	*wEN*	0.132*** (0.025)
wEN	0.002 (0.004)	*wGTFP*	-0.271*** (0.064)	*wEN*	0.005 (0.004)	*wGTFP*	-0.251*** (0.062)
EN	-0.139** (0.067)	*GTFP*	-1.128 (1.093)	*EN*	-0.172*** (0.048)	*GTFP*	-3.624*** (1.058)
EN^2	0.044* (0.026)	*TS*	0.183 (0.204)	EN^2	0.026*** (0.010)	*TL*	-1.250** (0.492)
TS	-0.063** (0.029)	*FI*	0.175** (0.071)	*TL*	-0.149** (0.075)	*FI*	0.252*** (0.082)
FI	0.016 (0.010)	*EDU*	-19.499* (11.155)	*FI*	0.016 (0.011)	*EDU*	-31.867*** (10.527)
OP	0.019 (0.422)	*ER*	2.482** (1.127)	*OP*	0.293 (0.376)	*ER*	1.295 (1.221)
TR	-1.148 (0.909)	*IP*	-2.255*** (0.517)	*TR*	-0.870 (0.847)	*IP*	-2.371*** (0.449)
IP	0.036 (0.082)	*CZ*	0.011 (0.009)	*IP*	-0.268*** (0.074)	*CZ*	0.032*** (0.011)
CZ	-0.001 (0.001)	常数项	2.325** (1.224)	*CZ*	0.003*** (0.001)	常数项	5.255*** (1.122)
常数项	1.210*** (0.090)			常数项	1.213*** (0.091)		

注：***、**、*分别表示在1%、5%、10%的水平下显著，括号内数值为标准误。

根据表 7-1 的结果，总效应模型一的方程 1 中生态约束一次项的系数在 1%的水平下显著为负，大小为-0.137，二次项的系数在 5%的水平下显著为正，大小是 0.021，表明总效应显著。

表 7-2 中，模型二的方程 3 中生态约束的系数在 1%的水平下显著为正，生态约束每提高 1%，产业结构高级化提升 0.448%。表 7-3 中，模型四的方程 7 中产业结构高级化的系数在 5%的水平下显著为负，生态约束一次项的系数在 5%的水平下显著为负，二次项的系数在 10%的水平下显著为正，并且产业结构高级化每提升 1%，绿色增长降低 0.063%。这表明产业结构高级化是生态约束影响绿色增长的中介因素。

表 7-2 中，模型三的方程 5 中生态约束的系数在 10%的水平下显著为负，生态约束每提高 1%，产业结构合理化下降 0.069%。表 7-3 中，模型五的方程 9 中产业结构合理化的系数在 5%的水平下显著为负，生态约束一次项的系数在 1%的水平下显著为负，二次项的系数在 1%的水平下显著为正，并且产业结构合理化每提升 1%，绿色增长降低 0.149%。这表明产业结构合理化是生态约束影响绿色增长的中介因素。

综上，假说 7-2 得以验证。产业结构是欠发达地区生态约束影响绿色增长的传导中介。至此，可知全书欠发达地区生态约束、产业结构和绿色增长三者的关系如图 7-2 所示。

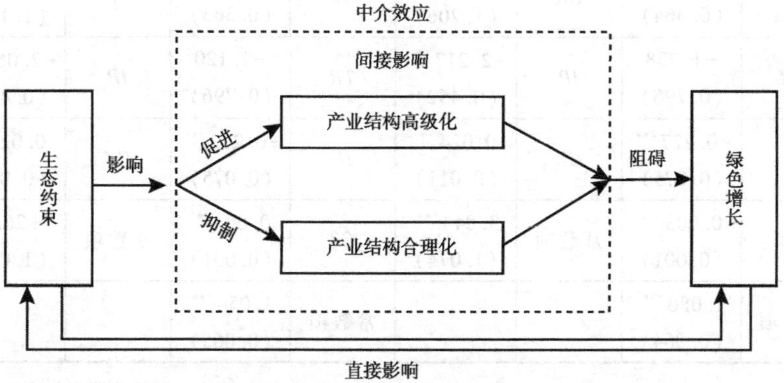

图 7-2　欠发达地区生态约束、产业结构和绿色增长的关系

第四节 稳健性检验

在原模型设定不变的基础上，替换权重矩阵观察模型是否仍然有效。本章利用反距离矩阵替代原有空间邻接矩阵，结果见表7-4、表7-5、表7-6、表7-7、表7-8。

表7-4 稳健性检验结果（1）

总效应模型一							
空间邻接矩阵				反距离矩阵			
变量	方程1（GTFP）	变量	方程2（EN）	变量	方程1（GTFP）	变量	方程2（EN）
wGTFP	-0.012（0.009）	wEN	0.158***（0.024）	wGTFP	-2.312（4.106）	wEN	72.080***（8.880）
wEN	0.005（0.004）	wGTFP	-0.285***（0.062）	wEN	1.985（1.597）	wGTFP	-106.856***（28.349）
EN	-0.137***（0.049）	GTFP	-2.944***（1.093）	EN	-0.132***（0.048）	GTFP	-2.403**（1.038）
EN^2	0.021**（0.010）	FI	0.297***（0.082）	EN^2	0.021**（0.010）	FI	0.255***（0.078）
FI	0.023**（0.010）	EDU	-33.183***（10.746）	FI	0.022**（0.010）	EDU	-29.024***（10.212）
OP	0.141（0.364）	ER	2.194*（1.206）	OP	0.165（0.363）	ER	2.052*（1.146）
TR	-1.238（0.796）	IP	-2.217***（0.452）	TR	-1.120（0.796）	IP	-2.067***（0.428）
IP	-0.227***（0.075）	CZ	0.024**（0.011）	IP	-0.213***（0.075）	CZ	0.021**（0.010）
CZ	0.003**（0.001）	常数项	3.843***（1.074）	CZ	0.003**（0.001）	常数项	3.262***（1.015）
常数项	1.080***（0.064）			常数项	1.056***（0.065）		

注：***、**、*分别表示在1%、5%、10%的水平下显著，括号内数值为标准误。

表 7-5　稳健性检验结果（2）

模型二							
空间邻接矩阵				反距离矩阵			
变量	方程 3 （*TS*）	变量	方程 4 （*EN*）	变量	方程 3 （*TS*）	变量	方程 4 （*EN*）
wTS	0.053* （0.031）	*wEN*	0.073** （0.032）	*wTS*	22.955 （15.373）	*wEN*	33.581*** （11.864）
wEN	-0.031* （0.017）	*wTS*	-0.117* （0.061）	*wEN*	-13.920* （8.109）	*wTS*	-46.223* （25.627）
EN	0.448*** （0.065）	*TS*	1.988*** （0.297）	*EN*	0.477*** （0.084）	*TS*	1.662*** （0.252）
FI	-0.042 （0.026）	*GTFP*	-0.024 （0.356）	*FI*	-0.055* （0.030）	*GTFP*	-0.049 （0.397）
OP	0.180 （0.687）	*FI*	0.094* （0.054）	*OP*	0.461 （0.909）	*FI*	0.121** （0.051）
TR	-1.232 （1.894）	*EDU*	3.506 （8.449）	*TR*	-0.728 （2.558）	*EDU*	-0.870 （7.753）
IP	1.804*** （0.242）	*ER*	0.573 （0.626）	*IP*	2.113*** （0.294）	*ER*	0.985 （0.684）
CZ	-0.018*** （0.003）	*IP*	-3.857*** （0.507）	*CZ*	-0.021*** （0.004）	*IP*	-3.929*** （0.500）
常数项	0.724*** （0.164）	*CZ*	-0.035*** （0.007）	常数项	0.739*** （0.204）	*CZ*	0.034*** （0.008）
		常数项	-1.241* （0.635）			常数项	-0.923 （0.626）

注：***、**、*分别表示在1%、5%、10%的水平下显著，括号内数值为标准误。

表 7-6　稳健性检验结果（3）

模型三							
空间邻接矩阵				反距离矩阵			
变量	方程 5 （*TL*）	变量	方程 6 （*EN*）	变量	方程 5 （*TL*）	变量	方程 6 （*EN*）
wTL	0.011 （0.019）	*wEN*	0.078*** （0.027）	*wTL*	0.594 （9.326）	*wEN*	50.512*** （9.297）
wEN	-0.002 （0.006）	*wTL*	-0.232*** （0.085）	*wEN*	2.918 （3.645）	*wTL*	-95.260*** （31.075）

续表

模型三							
空间邻接矩阵				反距离矩阵			
变量	方程 5 (*TL*)	变量	方程 6 (*EN*)	变量	方程 5 (*TL*)	变量	方程 6 (*EN*)
EN	-0.069* (0.040)	*TL*	-1.961*** (0.731)	*EN*	-0.124** (0.051)	*TL*	-1.467*** (0.535)
FI	-0.047*** (0.016)	*GTFP*	-0.788 (0.650)	*FI*	-0.040*** (0.012)	*GTFP*	-0.499 (0.490)
OP	1.092** (0.455)	*FI*	0.191** (0.085)	*OP*	1.151** (0.467)	*FI*	0.020 (0.054)
TR	3.367*** (1.246)	*EDU*	-21.657** (10.552)	*TR*	3.044*** (1.143)	*EDU*	-5.419 (7.846)
IP	-0.125 (0.152)	*ER*	1.954 (1.256)	*IP*	-0.265* (0.144)	*ER*	0.973 (0.863)
CZ	0.002 (0.002)	*IP*	-2.886*** (0.439)	*CZ*	0.004** (0.002)	*IP*	-2.372*** (0.333)
常数项	0.731*** (0.074)	*CZ*	0.029*** (0.011)	常数项	0.752*** (0.088)	*CZ*	0.020** (0.008)
		常数项	2.980*** (0.858)			常数项	2.560*** (0.624)

注：***、**、* 分别表示在 1%、5%、10%的水平下显著，括号内数值为标准误。

表 7-7 稳健性检验结果（4）

模型四							
空间邻接矩阵				反距离矩阵			
变量	方程 7 (*GTFP*)	变量	方程 8 (*EN*)	变量	方程 7 (*GTFP*)	变量	方程 8 (*EN*)
wGTFP	-0.011 (0.010)	*wEN*	0.156*** (0.025)	*wGTFP*	-2.431 (4.625)	*wEN*	71.191*** (9.424)
wEN	0.002 (0.004)	*wGTFP*	-0.271*** (0.064)	*wEN*	1.499 (1.795)	*wGTFP*	-105.952*** (28.983)
EN	-0.139** (0.067)	*GTFP*	-1.128 (1.093)	*EN*	-0.139** (0.069)	*GTFP*	-0.977 (1.002)
EN^2	0.044* (0.026)	*TS*	0.183 (0.204)	EN^2	0.043* (0.026)	*TS*	0.164 (0.191)

续表

模型四							
空间邻接矩阵				反距离矩阵			
变量	方程 7 (*GTFP*)	变量	方程 8 (*EN*)	变量	方程 7 (*GTFP*)	变量	方程 8 (*EN*)
TS	-0.063** (0.029)	*FI*	0.175** (0.071)	*TS*	-0.063** (0.029)	*FI*	0.148** (0.067)
FI	0.016 (0.010)	*EDU*	-19.499* (11.155)	*FI*	0.015 (0.010)	*EDU*	-17.002 (10.555)
OP	0.019 (0.422)	*ER*	2.482** (1.127)	*OP*	0.066 (0.416)	*ER*	2.253** (1.067)
TR	-1.148 (0.909)	*IP*	-2.255*** (0.517)	*TR*	-1.056 (0.906)	*IP*	-2.101*** (0.489)
IP	0.036 (0.082)	*CZ*	0.011 (0.009)	*IP*	0.043 (0.082)	*CZ*	0.010 (0.009)
CZ	-0.001 (0.001)	常数项	2.325** (1.224)	*CZ*	-0.001 (0.001)	常数项	2.127* (1.119)
常数项	1.210*** (0.090)			常数项	1.193*** (0.092)		

注：***、**、* 分别表示在 1%、5%、10%的水平下显著，括号内数值为标准误。

表 7-8　稳健性检验结果（5）

模型五							
空间邻接矩阵				反距离矩阵			
变量	方程 9 (*GTFP*)	变量	方程 10 (*EN*)	变量	方程 9 (*GTFP*)	变量	方程 10 (*EN*)
wGTFP	-0.012 (0.009)	*wEN*	0.132*** (0.025)	*wGTFP*	-2.860 (4.042)	*wEN*	63.951*** (9.528)
wEN	0.005 (0.004)	*wGTFP*	-0.251*** (0.062)	*wEN*	2.150 (1.575)	*wGTFP*	-96.197*** (27.898)
EN	-0.172*** (0.048)	*GTFP*	-3.624*** (1.058)	*EN*	-0.155*** (0.044)	*GTFP*	-3.152*** (1.011)
EN^2	0.026*** (0.010)	*TL*	-1.250** (0.492)	EN^2	0.024** (0.009)	*TL*	-0.984** (0.469)
TL	-0.149** (0.075)	*FI*	0.252*** (0.082)	*TL*	-0.130* (0.073)	*FI*	0.224*** (0.078)

续表

模型五							
空间邻接矩阵				反距离矩阵			
变量	方程 9 (*GTFP*)	变量	方程 10 (*EN*)	变量	方程 9 (*GTFP*)	变量	方程 10 (*EN*)
FI	0.016 (0.011)	*EDU*	-31.867*** (10.527)	*FI*	0.016 (0.011)	*EDU*	-28.294*** (10.065)
OP	0.293 (0.376)	*ER*	1.295 (1.221)	*OP*	0.288 (0.371)	*ER*	1.316 (1.170)
TR	-0.870 (0.847)	*IP*	-2.371*** (0.449)	*TR*	-0.762 (0.841)	*IP*	-2.198*** (0.427)
IP	-0.268*** (0.074)	*CZ*	0.032*** (0.011)	*IP*	-0.241*** (0.073)	*CZ*	0.028*** (0.010)
CZ	0.003*** (0.001)	常数项	5.255*** (1.122)	*CZ*	0.003*** (0.001)	常数项	4.571*** (1.069)
常数项	1.213*** (0.091)			常数项	1.168*** (0.088)		

注：***、**、* 分别表示在 1%、5%、10% 的水平下显著，括号内数值为标准误。

根据表 7-4、表 7-5、表 7-6、表 7-7、表 7-8 的结果，可以发现核心解释变量系数的正负号未发生变化，且系数变化基本较小，由此可以认为回归估计结果是稳健的。

第五节　本章小结

生态约束对绿色增长的传导机制受多种因素的影响，本章基于生态约束驱动欠发达地区绿色增长的作用机理分析，通过生态约束—产业结构—绿色增长这一脉络对生态约束间接影响绿色增长的逻辑进行了理论辨析，提出生态约束、产业结构与绿色增长的中介效应理论模型，并通过构建空间联立方程模型和广义空间三阶段最小二乘估计法（GS3SLS）进行实证研究，结论如下。

一　生态（资源和环境）约束对欠发达地区产业结构合理化和产业结构高级化的影响不同

生态（资源和环境）约束对欠发达地区产业结构高级化有促进作用，但抑制产业结构合理化。首先，生态约束增加了企业的污染治理成本，从而提高了行业的新企业进入壁垒，受环境规制影响小的行业则获得了更多的进入机会，从而改变了产业结构；其次，由于企业的非生产性成本提高，企业通过成本转嫁拉高产品的销售价格，价格变动对消费需求结构产生影响，进而影响产业结构的变化；再次，生态约束促进行业基于比较优势进行产业转移，使地区的产业结构发生变化；最后，如果生态约束能够倒逼企业改进技术或采用新的生产技术、生产工艺和原材料，将促进产业结构的升级。

二　产业结构是欠发达地区生态约束影响绿色增长的传导中介

根据中介效应模型结果，生态约束与绿色增长的关系曲线呈“U 形”，在生态约束影响绿色增长的过程中，产业结构高级化和产业结构合理化发挥中介效应，因此，产业结构是生态约束影响绿色增长的传导中介。

第八章　欠发达地区生态约束传导机制成因的验证

第六章对生态约束与绿色增长的关系曲线进行了验证，发现生态约束与绿色增长之间的关系曲线整体体现为“U形”的左侧部分，第七章通过理论和实证两个层面分析了生态约束影响绿色增长的作用路径。为何欠发达地区生态约束对绿色增长的影响有别于全国，表现为先抑制后促进？本章从生态约束的传导机制着手，分析探究“U形”曲线形成的原因，为促进欠发达地区的经济增长提供有益的参考。

第一节　理论分析与研究假说

学术界较多的研究证明生态（资源和环境）约束与经济增长之间存在一定的相关性，但两者之间的关系并非简单地以某种形式存在，而是受到多种复杂因素的影响，在不同的条件下和区域中存在不同的影响关系。虽然有学者从实证的角度研究了资源和环境对经济增长的作用机制和影响路径，但大多数文献只是从特定角度研究资源和环境对经济增长的影响，研究结果具有一定的片面性，因为经济增长是由多种因素共同作用导致的。

本书的生态约束有自然资源和环境影响两方面的含义。根据第二章的理论和文献分析，资源和环境因素可能通过其他的中间因素对绿色增长产生影响，理论界对此有各种研究和解释。本书参考曹永利（2011）的方法，从新古典经济理论模型出发，将自然资源消耗纳入分析框架，对柯布-道格拉斯生产函数进行扩展。此函数可以测度生产过程中投入要素综合技术、资本、劳动力对产出的影响。本书在生产函数中加入资源消耗 N 作为投入要素，在规模报酬不变的条件下，则资本 K、劳动力 L 和资源消耗 N 产出的弹性系数相加为 1。生产函数可表述如下：

$$Y = A(t)L^{q}N^{h}K^{1-q-h} \tag{8-1}$$

$$\text{s.t.}\ K' = sY - \delta K \tag{8-2}$$

式（8-1）中，Y 代表工业总产值，$A(t)$ 代表综合技术水平、K 为资本、L 为劳动力、N 为资源消耗。q 是劳动力产出的弹性系数，h 是资源消耗产出的弹性系数。假定规模报酬不变，资本产出的弹性系数为 $1-q-h$。

式（8-2）中，s 为外生储蓄率，δ 为折旧率。

令 $y=Y/L$，$n=N/L$，$k=K/L$，将式（8-1）中的变量均变形为人均形式，见式（8-3）：

$$y = A(t)n^{h}k^{1-q-h} \tag{8-3}$$

由式（8-3）可见，h 越大，资源消耗对经济增长的影响越大，进一步假定如下。

第一，假定资源消耗总量是固定的，且属于外生的。

第二，假定资源和劳动力市场是完全竞争市场，市场是出清的，资源的边际产品等于实际价格，劳动力的边际成本等于实际工资。

假定均衡状态时资本产出比不变，也就是 $\left(\dfrac{K}{Y}\right)' = 0$。可将式（8-1）中的各变量写成变量增长率 g_i 的方程，$i=Y, A, L, N, K$，可得式（8-4）：

$$g_Y = g_A + qg_L + hg_N + (1-q-h)g_K \tag{8-4}$$

由于均衡状态时 $g_Y=g_K$，可得到：

$$g_Y = g_K = \frac{1}{q + h}(g_A + qg_L + hg_N) \tag{8-5}$$

计算均衡状态时的人均产出，得到式（8-6）：

$$g_y = g_Y - g_L = \frac{1}{q + h}g_A - \frac{h}{q + h}(g_L - g_N) \tag{8-6}$$

如果资源是不可再生的，其总量固定且是外生的，假定自然资源每年以相同的速率 e 减少，则 e 的绝对值越大，平均增长率（人均产出）越低，这无疑就是 Nordhaus 和 Boyer（1992）意义上的障碍。

从式（8-6）可以看出，资源消耗的产出弹性 h 越大或者劳动人口增长越快，平衡增长率（人均产出）越小。如果去掉自然资源每年以相同的速率 e 减少这一假定，假设自然资源是内生的，e 值不固定，可以减小或变大，这有利于平衡增长率（人均产出）提高，但模型更加复杂。

Gylfason 和 Zoega（2006）进一步对均衡状态的黄金律进行了分析，具体见式（8-7）：

$$g_k = g_K - g_L = \frac{sY - \delta K}{K} - g_L \tag{8-7}$$

在储蓄率外生和给定人口增长率的前提下，均衡状态时资本产出比趋于稳定，人均资本也将趋于稳定。将式（8-7）的右边改写成人均资本形式，可得到式（8-8）：

$$g_k = \frac{sy}{k} - \delta - g_L \tag{8-8}$$

当人均资本趋向稳定，即 $g_k = 0$，由式（8-8）可得式（8-9）：

$$\frac{k}{y} = s/(g_L + \delta) \tag{8-9}$$

将式（8-3）和式（8-9）联立，得到一个二元方程组，可求出均衡时的产出 Y。

$$Y = A^{\frac{1}{q+h}} n^{\frac{h}{q+h}} [s/(g_L + \delta)]^{\frac{1-q-h}{q+h}} \quad (8-10)$$

根据式（8-10），得出人均消费为：

$$c = (1 - s) A^{\frac{1}{q+h}} n^{\frac{h}{q+h}} [s/(g_L + \delta)]^{\frac{1-q-h}{q+h}} \quad (8-11)$$

人均消费最大化的条件下，对储蓄率进行求导，求得的最优储蓄率见式（8-12）：

$$s = 1 - q - h \quad (8-12)$$

从式（8-12）可以看出，一国经济对自然资源的依赖度较高，即 h 越大，最优储蓄率就越低。换言之，自然资源使资本的产出率降低，对资本产生了挤出效应。假如对资本的内涵进一步细化，种类至少包括物质资本、社会资本、人力资本、金融资本、外国资本等，则代表着自然资源对各类资本均产生了挤出效应。综合上述分析，资源和环境因素对经济增长的影响作用完全符合基本经济学原理。但这个新古典经济理论下的生产函数还不能解释资源和环境影响的全部可能性因素。后续学者们持续进行了研究，资源和环境因素的影响效应仍然没有得到充分的解释。有经济学家在后续的研究中发现，这些影响途径是间接的，资源和环境影响的结构效应被忽略了。

根据上述模型分析，资源和环境因素挤出了某项经济活动，而这些经济活动对经济增长有着重要的影响，则会产生“挤出效应”。在一定条件下，资源和环境因素主要通过内生的要素流动、技术变化和外生的制度安排三类渠道影响经济增长。内生的要素流动渠道是指资源和环境制约其他影响经济增长的要素，如上述分析的资本投入产生“挤出效应”，会对经济增长产生间接的负向影响。技术变化包括技术效率、技术进步等。外生的制度安排包括法律策略和制度质量等，是经济增长的重要解释变量。因此，由于存在“挤出效应”，生态约束传导机制存在多重影响下的失灵。

图 8-1 是在前人研究的基础上构建的生态约束传导机制，根据

文献梳理和归纳，生态约束挤出效应的影响因素有三类，分别是内生变量、技术创新和外生变量。影响经济增长的内生变量主要有以下几种：人力资本、金融资本等。中心-外围论、贸易条件恶化论均在对外贸易的条件下产生，纳入外国资本内生变量分析。荷兰病效应指的是资源丰裕国家由于重点发展资源型产业，而弱化了制造业等其他产业的发展，纳入制造业发展进行研究。根据前三章的理论分析，资源和环境对产业结构产生影响，因此，把产业结构也纳入整体的理论分析框架中。

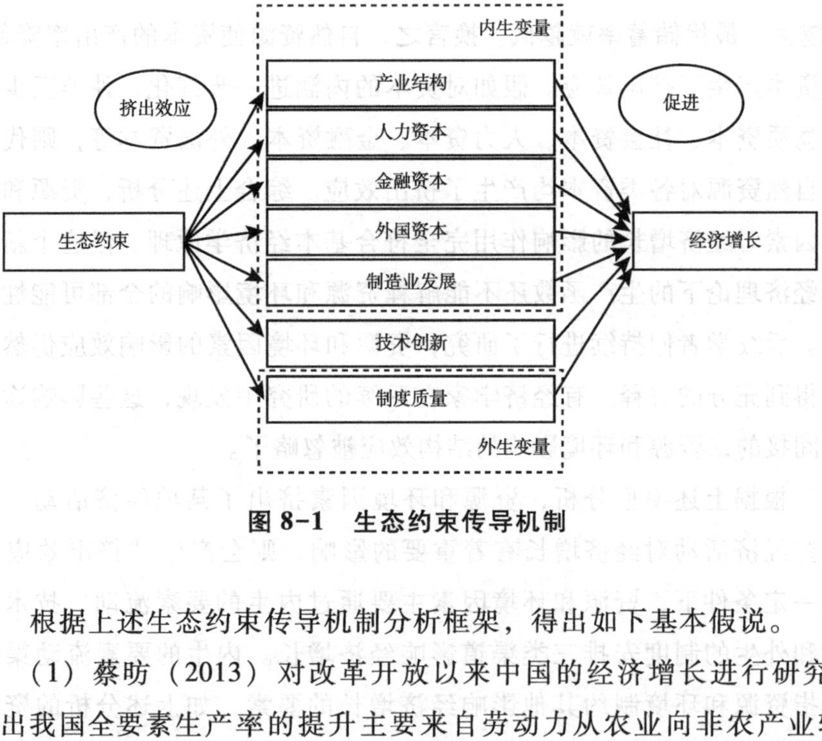

图 8-1　生态约束传导机制

根据上述生态约束传导机制分析框架，得出如下基本假说。

（1）蔡昉（2013）对改革开放以来中国的经济增长进行研究，提出我国全要素生产率的提升主要来自劳动力从农业向非农产业转移所带来的“结构红利”。“结构红利假说”理论表明，产业结构升级可以促进投入要素由低生产率部门向高生产率部门转移，在这个过程中的“结构红利”将有助于提高全社会的生产力水平，促进经济发展。孙永平和叶初升（2012）提出自然资源丰裕的地区，由于资源开发带来较高的短期回报，政府行为偏重于对资源型产业的发展，而忽视其他产业的发展，从而影响产业结构的转型升级，进而影响“结构红利”的充分释放，对绿色增长不利。一旦资源红利衰减或消失，而“结构红利”未能释放，地区经济就可能陷入衰退。而资源部门对生产要素的吸纳效应，使得产业结构扭曲，长期阻碍产业结构的正常演进。因此，本章提出如下假说。

假说 8-1：生态约束影响产业结构的演进，不利于绿色增长获得产业结构带来的红利。

（2）内生经济增长理论认为，人力资本不仅是实现技术进步的前提，而且是经济持续增长的重要动力。欠发达地区具有丰富的资源禀赋，由于初级产品生产属于劳动密集型产业，对劳动者的知识和技能水平要求不高，因此政府对人力资本的重视程度较低，从而弱化了教育对经济增长的作用。而当地民众缺乏受教育的激励，其短视行为容易使当地忽视教育投入，从而影响人才培养和科技的发展。具有资源禀赋的地区，往往会引起更多的潜在创新人力资本流向资源开发部门，而资源开发和初级产品生产部门往往是创新水平较低的部门，潜在创新人力资本流动会抑制地区经济的整体创新。因此，本章提出如下假说。

假说 8-2：生态约束对以教育为基础的人力资本产生挤出效应，影响教育红利在绿色增长过程中的释放效应。

（3）金融体系的发展越好，自然资本在国民财富中的比重越低，反之也成立。过度依赖自然资源阻碍了资本市场的效率提高和充分发展。因此，本章提出如下假说。

假说 8-3：生态约束对金融资本产生挤出效应，抑制金融发展对绿色增长的推动作用。

（4）由于涉及国家的政治、经济命脉，往往由国有企业垄断经营煤炭、石油、天然气等资源开发产业，外资进入的壁垒较高，对外开放程度不高。欠发达地区在具有资源禀赋的条件下，倾向于保护当地资源优势产业的发展，对外开放的积极性不够，引入外商投资（即外国资本）的力度相对较小，对外开放对经济增长的促进作用没有得到充分发挥。此外，外商投资较为关注通过制造业利用当地的资源禀赋和劳动力资源，而制造业的发展水平和发展条件影响着地区吸引外资的能力。因此，本章提出如下假说。

假说 8-4：生态约束对对外开放产生挤出效应，影响外商投资对当地绿色增长的积极作用。

（5）欠发达地区资源消耗大，环境污染加重导致生态恶化的情况下，往往表现为地区产业发展层次不高，以资源开发和初级产品生产为主。资源型产业吸引了更多的生产要素，抑制了制造业等其他产业的发展。王嘉懿和崔娜娜（2018）认为制造业具有更强的技术变革和转型发展动力，丰富的自然资源被“挤出”制造业，使制造业部门无法发挥效率提升和技术进步的作用，从而降低一国的经济增长效率。因此，本章提出如下假说。

假说 8-5：生态约束对制造业发展产生挤出作用，限制了制造业发展[①]对绿色增长的促进作用。

（6）技术创新是影响全要素生产率提升的重要因素。一方面，技术创新会直接促进生产效率的提升，技术创新可以覆盖从生产工具的改良、生产管理信息系统的升级到市场营销方式的改变以及物流配送的延伸，对产业的全方位都可能产生正向的影响，从而提高全产业的综合生产率水平。另一方面，技术进步和创新会促进要素的转移和再分配，推动劳动力和人力资源的转移，提高劳动者的整体素质，促进产业内生产要素的升级，从而促进要素生产率的提升。欠发达地区由于面临更小的资源约束和资源利用率提升的压力，技术创新和资源使用效率提升的动力不足；自然资源丰富的地区往往侧重发展资源型产业，资源型产业的创新能力不足，技术革新较慢；

① 制造业发展（*MD*），用制造业固定资产投资占 GDP 的比重表示。

自然资源的开采可获得可观的直接收益，导致政府倾向于重点扶持技术贡献率偏低的资源开发部门，进而造成对技术创新的投入不足；资源型产业短期的巨额利润使劳动力的工资水平较高，较多的企业家和技术人才被吸纳到初级产品生产企业中，影响企业家的创新。因此，本章提出如下假说。

假说8-6：生态约束对技术创新产生挤出效应，抑制技术创新对绿色增长的驱动作用。

（7）制度因素在经济增长中起着决定性的作用，制度决定资源的利用方式和结构，进而影响地区产业经济结构。众多学者认为，自然资源和生态环境本身并不会造成“资源诅咒”，“资源诅咒”产生的原因更多是制度的影响。Krueger（1974）最早提出这一观点，他认为，在资源富集地区，由于资源型产业的高利润，利益集团容易滋生，导致制度质量恶化。Murshed（2004）通过实证分析，提出丰裕的自然资源会引发寻租行为。赵伟伟和白永秀（2020）提出丰富的自然资源会导致利于占有者的制度挤出利于生产者的制度。汪戎和朱翠萍（2008）认为自然资源丰富的地区由于侧重发展资源型产业，通常市场化进程较慢，营商环境不佳。自然资源开发带来的高利润，容易诱发寻租和腐败行为，不利于市场化水平提升和实施环境规制，从而阻碍绿色增长。因此，本章提出如下假说。

假说8-7：生态约束加重制度质量[①]的恶化，制约地区绿色增长。

自20世纪60年代以来，全球经济学家针对不同经济体的实证研究支持了以自然资源为影响主体的“挤出模型”。Gylfason教授收集了86个经济体的跨境数据，包括资源丰富和资源匮乏的国家和地

---

① 制度质量（*IQ*），用市场化进程指数表示。目前学术界对制度质量指标的衡量方式并不统一，主要有以下几种衡量方式，一种是采用外国直接投资与GDP的比值来衡量，另一种是采用建立综合指标体系的方式来衡量，但多数研究采用樊纲等（2011）构建的市场化进程指数来衡量。

区，以检验“挤出模型”。由于样本量大，因而能够全面反映全球各类经济体的状况。结论是，上述因素对经济增长起到了促进作用，而自然资源“挤出”了这些因素。

第二节　生态约束对传导变量的挤出效应分析

一　模型构建

根据上一节对生态约束传导机制的理论分析和假说，首先对生态约束分别与产业结构高级化（*TS*）、产业结构合理化（*TL*）、人力资本（*EDU*）、金融发展水平（*FI*）、制造业发展（*MD*）、对外开放程度（*OP*）、技术创新强度（*TR*）、制度质量（*IQ*）等变量进行空间相关性检验，如果存在空间相关性，则建立生态约束传导机制的空间计量模型进行验证，具体模型见式（8-13）。其中，金融发展水平（*FI*）、对外开放程度（*OP*）未能通过空间相关性检验，故采用普通 OLS 回归，具体模型见式（8-14）：

$$X_{it} = \beta_0 + \beta_1 EN_{it} + \beta_2 GTFP_{it-1} + \beta_3 \times w \times EN_{it} + \beta_4 \times w \times GTFP_{it-1} + \beta_5 \times w \times X_{it} + \delta_{it} \quad (8-13)$$

$$X_{it} = \beta_0 + \beta_1 EN_{it} + \beta_2 GTFP_{it-1} + \delta_{it} \quad (8-14)$$

经检验后，发现制度质量（*IQ*）适用 SAR 模型：

$$X_{it} = \beta_0 + \beta_1 EN_{it} + \beta_2 GTFP_{it-1} + \beta_3 \times w \times X_{it} + \delta_{it} \quad (8-15)$$

被解释变量 X_{it} 为各种传导变量所组成的变量组，w 为空间权重矩阵，使用的是空间邻接矩阵，$GTFP_{it-1}$ 代表滞后一期的绿色增长。绿色增长是一个持续、累积的过程，另外宏观经济变量也是一个复杂的动态过程，在实际发展过程中，大多数经济指标的演变要一个相当长的周期才能显现，当期的结果可能会受到上一期结果的影响。

因此，将滞后一期绿色增长纳入生态约束传导机制的分析中，建立动态回归模型进行考察。

核心解释变量为生态约束（*EN*），空间动态面板回归模型式（8-13）的被解释变量分别是产业结构高级化（*TS*）、产业结构合理化（*TL*）、人力资本（*EDU*）、技术创新强度（*TR*）、制造业发展（*MD*）；普通动态面板回归模型式（8-14）的被解释变量分别是金融发展水平（*FI*）、对外开放程度（*OP*）；SAR 模型式（8-15）的被解释变量为制度质量（*IQ*）。

二　结果分析

挤出效应的验证结果见表 8-1，具体分析如下。

根据模型一、模型四，生态约束对产业结构高级化、对外开放程度的影响不显著。根据模型二、模型三、模型五、模型六、模型七、模型八，生态约束分别对产业结构合理化、人力资本、制造业发展、金融发展水平、技术创新强度、制度质量有显著的负向影响，存在“挤出效应”。

（一）生态约束对产业结构合理化的影响显著为负，存在挤出效应

生态约束每提高 1%，产业结构合理化水平下降 0.079%。生态约束影响产业结构合理化体现在以下方面：首先，资源和环境污染的压力迫使企业提高污染治理成本，从而提高产业的新企业进入壁垒，从而改变了产业结构；其次，环境污染治理提高了企业的非生产性成本，企业通过成本转嫁，提高了产品的销售价格，价格变动影响消费需求结构，进而影响产业结构；最后，资源和环境污染的压力促使行业基于比较优势进行产业转移，从而影响地区的产业结构。因此，资源和环境污染的压力通过成本传导、进入壁垒和消费结构传导影响产业结构合理化。

表 8-1　生态约束挤出效应的验证

变量	模型一	模型二	模型三	模型四	模型五	模型六	模型七	模型八
	TS	*TL*	*EDU*	*OP*	*MD*	*FI*	*TR*	*IQ*
EN	0.100 (0.063)	−0.079*** (0.024)	−0.005*** (0.001)	−0.001 (0.001)	−0.031** (0.012)	−0.347*** (0.052)	−0.001** (0.001)	−0.196* (0.116)
L. *GTFP*	−0.437** (0.184)	−0.080 (0.065)	0.00399** (0.002)	−0.0387 (0.029)	0.0587* (0.033)	0.33 (0.558)	0.0004 (0.001)	0.617 (2.961)
w×*EN*	0.579*** (0.136)	−0.158*** (0.054)	−0.012*** (0.002)		−0.122*** (0.023)		−0.003*** (0.001)	
w×L. *GTFP*	−1.137* (0.587)	0.204 (0.202)	0.0154** (0.006)		0.010 (0.103)		0.007 (0.005)	
w×*X*	−0.440*** (0.106)	−0.662*** (0.120)	−0.543*** (0.117)		−0.885*** (0.099)		−0.424*** (0.115)	0.545*** (0.065)
sigma2_e	0.009*** (0.001)	0.001*** (0.000)	0.00000102*** (0.000)		0.000302*** (0.000)		0.000000582*** (0.000)	0.344*** (0.049)
常数项				0.0529* (0.031)		1.898*** (0.585)		1.944 (3.138)
模型	SDM[FE]	SDM[FE]	SDM[FE]	RE	SDM[FE]	FE	SDM[FE]	SAR[FE]
Hausman	17.18 (0.000)	5.58 (0.062)	329.67 (0.000)	2.66 (0.264)	−8.29 —	11.84 (0.003)	12.62 (0.002)	30.09 (0.000)
Wald Test	22.1 (0.000)	9.88 (0.007)	57.9 (0.000)		27.36 (0.000)		9.53 (0.009)	4.34 (0.114)
LR Test	24.30 (0.000)	9.63 (0.008)	60.25 (0.000)		21.62 (0.000)		8.65 (0.013)	7.25 (0.027)
挤出效应	无	有	有	无	有	有	有	有

注：***、**、* 分别表示在1%、5%、10%的水平下显著，括号内数值为标准误。

（二）生态约束对人力资本的影响显著为负，存在挤出效应

生态约束每提高1%，人力资本下降0.005%，这一结论得到众多相关文献研究结论的支持。Gylfason（2001b）研究提出，资源消耗水平和环境污染程度与教育投入呈负相关关系。Birdsall（2001）通过建立资源水平、人力资本和经济增长的模型，论证了资源丰富的地区由于资源型产业对劳动力技能的需求层次较低，导致此地区人力资本投资也相应较低。从我国的整体情况来看，从政府到民众对教育都普遍重视，但欠发达地区的文化氛围、教育设施仍然落后于发达地区，欠发达地区以资源型产业为主的产业结构导致该地区的制造业和高科技产业的发展相对滞后，从而影响了其人才的培养和储备。

（三）生态约束对技术创新强度的影响显著为负，存在挤出效应

生态约束每提高1%，技术创新强度下降0.001%，这一结论与众多学者的研究结论一致。这表明欠发达地区在生态约束的条件下，部分资源型产业由于转型升级成本增加，技术创新的动力不足。部分具有技术溢出效应的制造业部门由于生产受限，创新活动减少，技术成果转化率下降。

（四）生态约束对制度质量的影响显著为负，存在挤出效应

生态约束每提高1%，制度质量下降0.196%。政策和制度环境是区域经济市场化进程中的重要影响因素，制度质量直接影响地区的经济发展水平。个体经济和私营经济是市场经济的组成部分，可以活跃市场，提高资源配置效率。由于欠发达地区的资源型企业受到政府的扶持较多，非资源型个体经济和私营经济的发展空间受限，从而影响市场化进程和制度质量。

（五）生态约束对对外开放程度的影响不显著，但存在潜在的负向影响

与东部地区相比，我国欠发达地区对外开放程度相对较低，交通条件、经济基础、人才储备、配套设施等各方面对外资的吸引能力有限，导致生态约束对对外开放程度的负向影响不显著。我国的欠发达地区主要处于西部，煤炭、石油、天然气等自然资源蕴藏丰富，由于涉及国家战略的能源产业以国有垄断为主，外资进入壁垒较高，因而外商投资规模较小。但随着开放领域和对外合作的扩大，资源和环境限制对对外开放程度的影响将日益扩大。

（六）生态约束对制造业发展的影响显著为负，存在挤出效应

生态约束每提高 1%，制造业发展水平下降 0.031%。资源和环境因素对制造业产生挤出效应，这与徐康宁和王剑（2006）、杨莉莉等（2014）的研究结论一致。欠发达地区资源型产业偏重，生态约束使其制造业改进生产设备和生产工艺，进行排污治理的成本增加，对其制造业发展造成阻碍。

（七）生态约束对金融发展水平的影响显著为负，存在挤出效应

生态约束每提高 1%，金融发展水平下降 0.347%。在各种政策和环境要素的影响下，金融主体面临着不同的选择，进而会做出相应的行为调整，而金融生态系统在外力过度影响下可能会产生失衡。由于西部欠发达地区相对于东部、中部地区的金融环境较为恶劣，风险系数较高，因而金融主体对环境政策和资源约束的反应较为灵敏。

根据上述分析，可以对欠发达地区生态约束与绿色增长之间的

关系曲线体现为“U 形”左侧部分的成因进行解释，基本逻辑是：资源和环境因素会“挤出”产业结构合理化、人力资本、金融发展水平、制造业发展、技术创新强度、制度质量，抵消或减弱这些因素对绿色增长的促进作用，不利于绿色增长水平的提升。

第三节　生态约束与绿色增长之间关系曲线呈“U 形”的成因

上一节对根据理论分析提出的生态约束传导机制的 7 个假说进行了验证，这 7 个假说的验证解释了生态约束与绿色增长之间的关系曲线体现为“U 形”左侧部分的原因，即生态约束对绿色增长产生负向影响的原因，但没有解释呈“U 形”的成因，因此，还需对以下两个问题进行进一步探析。

问题一：验证传导变量是影响生态约束与绿色增长之间呈非线性关系的原因。

问题二：研究这些传导变量对生态约束与绿色增长的关系产生何种影响。

一　模型构建

根据上述分析，生态约束对绿色增长的影响可能受多个传导变量的影响而有所不同，因此，生态约束对绿色增长影响的程度和方向可能存在一个或多个转折点，这类转折点被称为门限。本书采用面板门限效应模型验证生态约束对绿色增长的非线性关系，并找出门限值，可以为欠发达地区政府调整产业结构提供可参考的理论依据。

目前学术界关于“门限效应”的检验主要有三种：交叉项检验、分组检验和门限效应模型检验。但前两种方法存在一定的局限性，因此本书借鉴汉森（Hansen，1993）的门限效应模型，对此模型中的各变量经过消除个体效应后，进行 OLS 回归得到估计系数；构建统计量 $F=\frac{SSR_0-SSR(\hat{\alpha})}{\hat{\sigma}_2}$，采用自助法（Bootstrap）得到临界值；通过 LR 检验得到对应的 p 值，若 p 值小于临界值，则存在门限效应，否则不存在。基于 Hansen（1993）提出的检验方法，在回归模型中将各个潜在传导变量作为门限变量，建立绿色增长的分段函数，对门限的个数和数值进行估计，建立的非线性面板回归模型见式（8-16）：

$$\begin{aligned} GTFP_{it} = {} & \beta_0 + \beta_1 EN_{it} I(q_{it} < a_1) + \beta_2 EN_{it} I(a_1 \leqslant q_{it} < a_2) + \\ & k + \beta_{n+1} EN_{it} I(q_{it} \geqslant a_n) + \delta Z_{it} + \varepsilon_{it} + \mu_i \end{aligned} \quad (8-16)$$

其中，k 表示中间省略数，解释变量 q_{it} 为门限变量，a_1，a_2，…，a_n 为待估计的门限值，假设有 n 个门限值，因此相应有 $n+1$ 个区间，在每个区间内 q_{it} 对 $GTFP_{it}$ 的影响存在异质性，其对应的系数分别为 β_1，β_2，…，β_{n+1}。I（·）为示性函数，括号中表达式成立则此函数取值为 1，否则为 0。X_{it} 代表的传导变量为解释变量，Z_{it} 为控制变量，β_0 为截距项，μ_i 为个体效应，ε_{it} 代表随机误差项。i 代表省区（$i=1, 2, \cdots, 7$），t 代表年份（$t=2000, 2001, \cdots, 2019$）。

二 结果分析

根据上述思路，对各个传导变量均进行门限效应存在性检验。本书使用 Stata 16 软件对模型（8-16）的单门限、双门限和三门限进行了估计。对于单门限的 F 检验，原假设是无门限，双门限检验的原假设是有一个门限值，以此类推。若不存在任一门限，则潜在传导变量不改变生态约束对绿色增长的影响。若存在任一门限，则潜在传导变量影响生态约束与绿色增长的关系。检验结果见表 8-2。

表 8-2 门限效应存在性检验

变量	H_0:无门限;H_1:单门限			H_0:单门限;H_1:双门限			结论
	F值	p值	检验结果	F值	p值	检验结果	
TS	6.72	0.218	接受原假设	2.37	0.540	接受原假设	无门限
TL	9.31	0.128	接受原假设	3.97	0.578	接受原假设	无门限
FI	24.63	0.006	拒绝原假设	11.14	0.160	接受原假设	单门限
OP	6.68	0.358	接受原假设	7.39	0.124	接受原假设	无门限
EDU	18.30	0.092	拒绝原假设	8.01	0.546	接受原假设	单门限
TR	5.22	0.568	接受原假设	6.39	0.366	接受原假设	无门限
ER	4.21	0.596	接受原假设	3.74	0.480	接受原假设	无门限
IP	16.73	0.116	接受原假设	11.12	0.160	接受原假设	无门限
CZ	31.08	0.000	拒绝原假设	6.69	0.272	接受原假设	单门限
IQ	10.32	0.084	拒绝原假设	7.20	0.148	接受原假设	单门限
MD	23.87	0.008	拒绝原假设	14.42	0.104	接受原假设	单门限

注：基于全书考虑，将其他可能影响绿色增长的因素（如 *ER*、*IP*、*CZ*）也纳入控制变量。

根据表 8-2 的结果，金融发展水平（*FI*）、人力资本（*EDU*）、城镇化率（*CZ*）、制度质量（*IQ*）、制造业发展（*MD*）均至少在 10%的显著性水平下通过单门限效应检验，而技术创新强度（*TR*）、环境规制（*ER*）、网络普及率（*IP*）、对外开放程度（*OP*）、产业结构高级化（*TS*）、产业结构合理化（*TL*）没有通过门限效应检验，结果验证了问题一。金融发展水平（*FI*）、人力资本（*EDU*）、城镇化率（*CZ*）、制度质量（*IQ*）、制造业发展（*MD*）在生态约束与绿色增长的“U 形”关系中起着重要作用，是影响生态约束与绿色增长之间呈非线性关系的原因。

本书使用上述识别出来存在门限效应的变量进行门限效应模型检验，进一步识别在什么阈值条件下，这些变量对生态约束与绿色增长之间的关系产生影响。生态约束在各潜在传导变量影响下对绿色增长的影响结果见表 8-3。

根据表 8-3，门限效应模型的具体检验结果见模型一、模型二、模型三、模型四、模型五，除模型四 $EN \cdot I$（$q<a_1$）区间外，其他模型的 $EN \cdot I$（$q<a_1$）、$EN \cdot I$（$q \geqslant a_1$）两个区间的估计系数均显著为负，再次印证了生态约束与绿色增长之间的关系曲线体现为“U形”的左侧部分。

模型一表示当金融发展水平分别在低于或高于等于 2.107 两个区间内时，生态约束对绿色增长均是显著的负向影响。具体来说，当金融发展水平低于 2.107 时，生态约束每提高 1%，就会使绿色增长下降 0.022%；当金融发展水平高于等于 2.107 时，生态约束每提高 1%，绿色增长下降 0.007%。也就是说，越过 2.107 的拐点，生态约束对绿色增长的负向拉动作用减弱。

模型二表示当人力资本低于 0.008 时，生态约束每提高 1%，就会使绿色增长下降 0.008%；当人力资本高于等于 0.008 时，生态约束每提高 1%，绿色增长下降 0.017%。也就是说，越过 0.008 的拐点，生态约束对绿色增长的负向拉动作用增强。

模型三表示当城镇化率低于 33.560 时，生态约束每提高 1%，就会使绿色增长下降 0.007%；当城镇化率高于等于 33.560 时，生态约束每提高 1%，绿色增长下降 0.016%。也就是说，越过 33.560 的拐点，生态约束对绿色增长的负向拉动作用增强。

模型四表示当制度质量低于 5.720 时，生态约束每提高 1%，就会使绿色增长下降 0.004%，但不显著；当制度质量高于等于 5.720 时，生态约束每提高 1%，绿色增长下降 0.014%。也就是说，越过 5.720 的拐点，生态约束对绿色增长的负向拉动作用增强。

模型五表示当制造业发展低于 0.139 时，生态约束每提高 1%，就会使绿色增长下降 0.006%；当制造业发展高于等于 0.139 时，生态约束每提高 1%，绿色增长下降 0.019%。也就是说，越过 0.139 的拐点，生态约束对绿色增长的负向拉动作用增强。

表 8-3　生态约束与绿色增长的门限效应模型检验

变量	模型一	模型二	模型三	模型四	模型五
	q=*FI*	*q*=*EDU*	*q*=*CZ*	*q*=*IQ*	*q*=*MD*
常数项	1.033***	0.993***	0.981***	0.962***	0.940***
	(0.022)	(0.035)	(0.022)	(0.037)	(0.035)
$EN \cdot I(q<a_1)$	-0.022***	-0.008***	-0.007***	-0.004	-0.006*
	(0.004)	(0.003)	(0.002)	(0.003)	(0.003)
$EN \cdot I(q \geq a_1)$	-0.007***	-0.017***	-0.016***	-0.014***	-0.019***
	(0.002)	(0.005)	(0.003)	(0.004)	(0.004)
TS	-0.018***	-0.029***	-0.018***	-0.026***	-0.017*
	(0.007)	(0.010)	(0.007)	(0.010)	(0.010)
TL	-0.002	-0.027	0.006	0.003	0.009
	(0.020)	(0.031)	(0.020)	(0.031)	(0.029)
FI	-0.013***	-0.008	-0.002	-0.00268	-0.003
	(0.004)	(0.006)	(0.003)	(0.006)	(0.005)
OP	0.251	-0.087	-0.031	-0.073	-0.084
	(0.188)	(0.263)	(0.179)	(0.267)	(0.252)
EDU	-3.645***	-2.776***	-2.030***	-3.233***	-2.418***
	(0.637)	(0.926)	(0.596)	(0.919)	(0.898)
TR	-0.292	0.249	-0.481	-0.597	-0.777
	(0.609)	(0.842)	(0.594)	(0.825)	(0.785)
ER	-0.037	0.005	0.006	-0.006	-0.025
	(0.049)	(0.070)	(0.049)	(0.070)	(0.066)
IP	0.068***	0.023	0.0253	0.0339	-0.030
	(0.025)	(0.042)	(0.027)	(0.042)	(0.043)
CZ	0.002***	0.003***	0.003***	0.003**	0.004***
	(0.001)	(0.001)	(0.001)	(0.001)	(0.001)
IQ	0.002*	-0.000	-0.002	0.004*	-0.003
	(0.001)	(0.002)	(0.001)	(0.002)	(0.002)
MD	-0.006	0.003	-0.006	0.039	0.067*
	(0.032)	(0.039)	(0.031)	(0.038)	(0.037)
门限值	2.107	0.008	33.560	5.720	0.139
R^2	0.717	0.608	0.730	0.598	0.637

注：***、**、*分别表示在1%、5%、10%的水平下显著，括号内数值为标准误。

综上分析，当潜在传导变量金融发展水平、人力资本、城镇化率、制度质量、制造业发展低于或高于等于门限值时，生态约束对绿色增长的影响基本显著为负，但影响下降的速度出现了变化。

结合本章分析以及前文对生态约束与绿色增长的关系曲线再验证中得出的结论，可将生态约束、传导变量与绿色增长之间的关系进行概括，如图 8-2 所示。

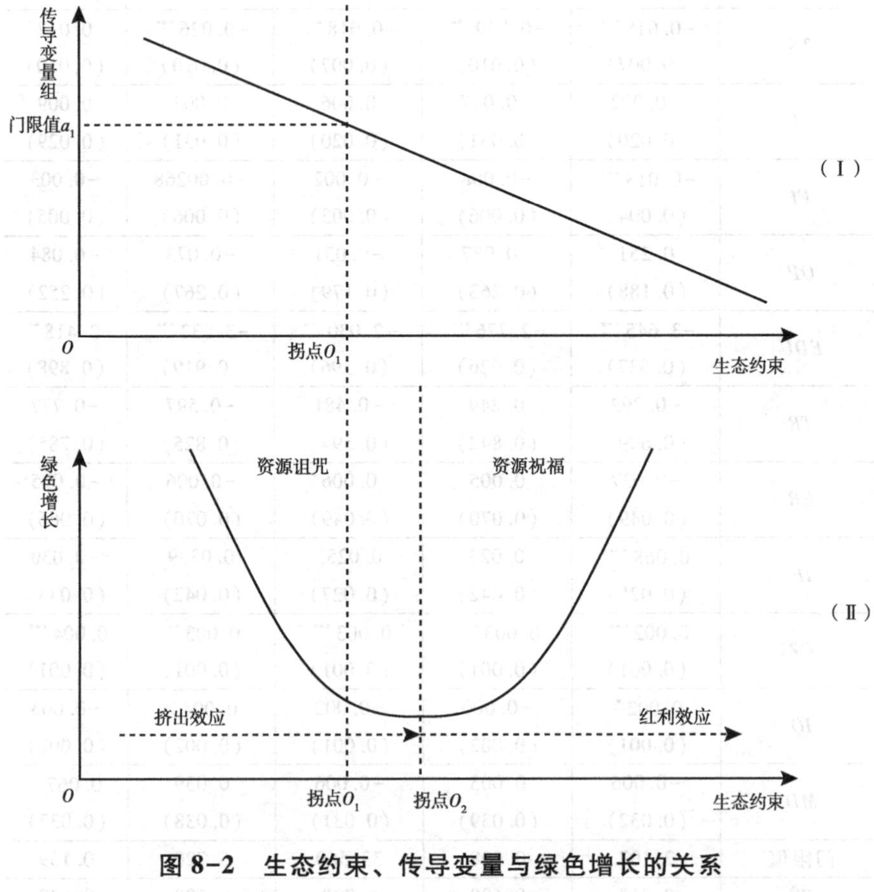

图 8-2　生态约束、传导变量与绿色增长的关系

图 8-2（Ⅰ）表示欠发达地区生态约束与传导变量之间呈负向关系，则存在"挤出效应"。图 8-2（Ⅱ）表示欠发达地区生态约束

与绿色增长的关系曲线呈“U 形”。在拐点 O_2 左侧部分生态约束与绿色增长呈负向关系，则存在“挤出效应”；拐点 O_2 右侧部分生态约束与绿色增长呈正向关系，则存在“红利效应”。而根据前一节结论，目前欠发达地区生态约束与绿色增长之间的关系曲线体现为“U 形”的左侧，即 OO_2 部分，主要受到“挤出效应”的影响，呈现“资源诅咒”的状态。欠发达地区生态约束与绿色增长之间的关系曲线体现为“U 形”的左侧部分，主要原因如图 8-2（Ⅰ）所示，由于资源和环境因素“挤出”由要素流动、技术变化和外生的制度安排三类渠道因素组成的传导变量组对绿色增长的促进作用，绿色增长水平下降。同时，传导变量组存在门限值，低于门限值时处于“U 形”曲线的 OO_1 部分，生态约束水平提升使绿色增长水平下降的速度较快；高于门限值时越过拐点 O_1 处于“U 形”曲线的 O_1O_2 部分，生态约束水平提升使绿色增长水平下降的速度减缓，但仍然为负向关系。以传导变量之一产业结构为例，在拐点 O_2 的左侧，生态约束对产业结构产生“挤出效应”，越过拐点 O_2 则产生“红利效应”，这与黄群慧（2014）和于斌斌（2015）认为在中国产业结构升级过程中，存在经济增长的“结构性加速”和“结构性减速”的观点不谋而合。由于在产业结构升级过程中与当地要素禀赋的不匹配以及此过程产生的成本不同，不同阶段产业结构升级对全要素生产率的影响可能不同。产业结构升级过程中存在经济增长的“结构性红利”和“结构性负利”阶段。随着地区经济的发展，欠发达地区主导产业由第一产业转向第二产业，从而带来能耗增加和环境恶化的问题，绿色增长水平下降；随着第二产业的转型和第三产业的兴起，虽然能源消耗量仍然持续增长，但能源利用率提高，环境污染有所减轻，产业结构变迁的“结构性红利”显现，生态约束与绿色增长的关系有可能转为正向关系。因此，在不同的经济发展阶段，产业结构变动对欠发达地区绿色增长所产生的作用不同。

第四节 本章小结

本章运用柯布-道格拉斯生产函数构建生态约束传导机制的理论模型，以此为基础建立欠发达地区生态约束传导机制的分析框架。首先，对欠发达地区生态约束与绿色增长的关系曲线体现为“U形”左侧部分的原因进行分析，发现生态约束分别挤出了产业结构合理化、人力资本、技术创新强度、制造业发展、金融发展水平、制度质量，使这些因素难以发挥对绿色增长的促进作用。其次，对欠发达地区生态约束与绿色增长之间呈“U形”曲线关系的原因进行分析，发现金融发展水平、人力资本、城镇化率、制度质量、制造业发展是影响生态约束与绿色增长之间呈非线性关系的原因。最后，通过进一步识别，发现这些变量均存在一个阈值，变量值低于或高于等于门限值时，生态约束对绿色增长的影响基本显著为负，但估计系数发生了变化。原因是在“U形”曲线左侧有个拐点，越过拐点之后曲线下降的速度减缓，而这些变量的阈值是形成这个拐点的原因，门限变量超过阈值后估计系数基本变小，使下降的速度出现了变化。

第九章 欠发达地区基于资源承载力的产业发展路径及案例

第五、第六、第七、第八章分别从动态冲击、空间交互、关系曲线的成因等多个角度对生态约束、产业结构和绿色增长三者的关系进行了实证分析。本章将基于前述研究结论，首先对欠发达地区的经济发展现状做出分析；其次完成欠发达地区产业发展曲线的实证验证工作；再次提出欠发达地区的产业结构调整路径建议和对策建议；最后给出本书研究结论在实际工作中的应用落地案例。

第一节 欠发达地区经济发展现状分析

一 欠发达地区绿色增长水平现状分析

本书第四章对欠发达地区生态约束、产业结构、绿色增长的现状进行了研究分析，结果发现，相较于发达地区，欠发达地区绿色全要素生产率偏低，绿色增长水平滞后于东部、中部发达地区。“十五”期间，欠发达地区存在农民收入增长缓慢、经济增长方式粗放、生态环境恶化、经济发展差距拉大、绿色全要素生产率低等问题。近年来，欠发达地区绿色全要素生产率出现了较高的增长，发展方式粗放、资源消耗过大、“三高”（高排放、高污染、高消耗）等问题有了一定的改善，但由于基础设施落后、经济发展对科技的依赖程度越来越高等原因，其产业结构不合理现象依然存在，仍有较大发展潜力；欠发达地区产业结构高级化水平提升，产业结构“服务化”特征明显，第三产业产值占比高，但发展趋势与全国、东部不相同，与中部、西部地区类似，即总体呈现先下降后上升的趋势，并整体落后于全国的平均水平，且水平发展趋势与全国、东部地区比较呈现“剪刀差”的分布状态；欠发达地区产业结构关联性和协调性有所增强，逐步趋向合理化。欠发达地区的绿色增长水平呈现阶梯式提升的趋势，欠发达地区可以通过技术转移的方式，提升技术进步对绿色全要素生产率的贡献。

二 欠发达地区产业资源相对承载力分析

欠发达地区在工业化发展进程中，随着资源约束趋紧、环境污染加重、生态系统退化等状况的恶化，资源、环境、经济三者之间的失调现象慢慢凸显，造成经济增速放缓，产业结构与资源、环境不相适宜等许多问题。生态经济的本质就是把经济发展建立在自然资源和生态环境可承受范围之内。要想在欠发达地区实现产业结构调整，就必须协调好资源-经济-环境各个子系统之间的关系，客观分析经济新常态下自然资源、环境开发利用的条件，用适宜的综合评价方法对其产业资源相对承载力进行评价。

（一）产业资源的划定

本章以云南、广西、贵州三省区（简称“滇桂黔”）的数据为例，由于2019年相关统计数据公布不全，使用有完整数据披露的2000~2018年包含上述省区各类产业资源的数据。数据来源于《国家统计年鉴》《中国地区投入产出表》。第一产业资源包含农作物（含粮食作物、棉花、油料、糖料、蔬菜、水果、麻类、烟叶、茶）播种面积、林业用地面积。第二产业资源包含煤、石油、天然气的储量。第三产业资源主要包含区域内环境资源、生态资源、文化资源等。受数据可得性限制，此处以限额以上餐饮总资产和住宿总资产作为欠发达地区第三产业资源的主要内容，能在一定程度上反映欠发达地区第三产业资源的发展情况。在结合欠发达地区产业发展特点的基础上，力图能够同时反映区域内当年产业资源的客观情况以及产业资源相对承载力之间的动态变化关系。

（二）产业资源相对承载力的测算

2000~2018 年我国欠发达地区产业资源相对承载力如表 9-1 所示。

根据表 9-1 的结果，2000~2018 年，我国欠发达地区三次产业的平均综合产业资源相对承载力约为 16768.58 万人，均呈富裕状态，平均富裕人口约 3774.32 万人，平均富裕率约 22%。各产业部门对综合产业资源相对承载力的平均贡献率分别是：第一产业为 86.8%，第二产业为 0.3%，第三产业为 12.9%。这表明欠发达地区第一产业对综合产业资源相对承载力的贡献最大，第二产业发展的资源空间出现不足，第三产业资源相对承载力增长速度最快，2000~2018 年的增长率高达 27.8%，预计未来第三产业对综合产业资源相对承载力贡献的空间会进一步加大。

从整体趋势来看，我国欠发达地区综合产业资源相对承载力发展呈现波动的态势，其中 2000~2011 年总体呈现下降的趋势，2012 年开始回升，2016 年达到历史的最高水平，之后趋于稳定。整体而言，富裕率呈先下降后提升趋势，三次产业综合富裕人口由 2000 年的 4171.38 万人下降到 2007 年最低点的 1822.24 万人，而后回升，2018 年达 5257.37 万人，与 2000 年相比，净增加 1085.99 万人。历年产业经济的发展低于资源相对承载力，呈现较富裕的状态。最近的 2014~2018 年，富裕率在 28%~30%，表明在现有的产业资源水平下，欠发达地区在现有人口总数的基础上还可以多承载 28%~30%的新增人口，产业综合发展还存在较宽裕的空间。但是，我们也发现，宽裕空间主要来自第一产业，第三产业近年来增长也比较快，而作为经济增长引擎的第二产业发展空间却相对较窄，因此，欠发达地区发展第一、第三产业受到资源的限制较小，有较好的基础条件做支撑，但第二产业的发展空间不足。

表 9-1　2000~2018 年欠发达地区产业资源相对承载力

单位：万人，%

年份	第一产业资源相对承载力	第二产业资源相对承载力	第三产业资源相对承载力	综合产业资源相对承载力	富裕或超载人口	富裕或超载状态	富裕率或超载率
	(1)	(2)	(3)	(4)	(5)	(6)	(7)
2000	43699.35	164.68	6890.28	16918.10	-4171.38	<0 富裕	-25
2001	43144.76	161.61	6757.05	16687.81	-3814.30	<0 富裕	-23
2002	41954.20	158.43	6813.26	16308.63	-3316.35	<0 富裕	-20
2003	40795.38	157.70	6501.34	15818.14	-2715.48	<0 富裕	-17
2004	39688.24	153.53	6032.90	15291.56	-2083.86	<0 富裕	-14
2005	42651.36	111.22	5660.95	16141.18	-3301.18	<0 富裕	-20
2006	41807.69	117.30	5380.00	15768.33	-2809.15	<0 富裕	-18
2007	39198.96	184.57	5216.26	14866.60	-1822.24	<0 富裕	-12
2008	42495.26	179.86	5051.46	15908.86	-2757.13	<0 富裕	-17
2009	40696.90	164.47	5209.41	15356.93	-2392.93	<0 富裕	-16
2010	43692.87	132.24	5454.33	16426.48	-3735.48	<0 富裕	-23
2011	41296.97	103.43	5743.26	15714.55	-2970.03	<0 富裕	-19
2012	45624.28	101.82	6691.11	17472.40	-4647.33	<0 富裕	-27
2013	45964.21	104.21	7012.51	17693.64	-4785.82	<0 富裕	-27
2014	46502.98	104.40	7165.76	17924.38	-4948.44	<0 富裕	-28
2015	48036.56	103.85	7508.73	18549.71	-5482.41	<0 富裕	-30
2016	48594.18	115.40	7364.15	18691.24	-5527.24	<0 富裕	-30
2017	47143.06	116.09	8058.98	18439.38	-5173.88	<0 富裕	-28
2018	46952.77	116.61	8806.07	18625.15	-5257.37	<0 富裕	-28

注：表中负号仅为区分富裕和超载。

2000~2018 年，从欠发达地区分产业来看，第一产业资源相对承载力总体呈现先下降后缓慢上升的趋势，由 43699.35 万人增加到

46952.77万人，18年间增加了约7%；第二产业资源相对承载力总体呈现下降的趋势，由164.68万人减少至116.61万人，减少了约29%；第三产业资源相对承载力总体呈现先下降后上升的波动趋势，由2000年的6890.28万人下降到2008年最低点的5051.46万人，减少了约27%，而后开始回升，2018年上升至8806.07万人，比2000年增加了28%。

第一产业资源相对承载力基数较大，总体呈现先下降后缓慢上升的趋势。第一产业资源主要是自然资源和生态资源，包含农作物播种面积、森林面积、牧地面积、养殖面积、水资源总量等。产业发展初期，粗放的经济发展模式带来的资源和环境问题开始逐渐凸显。一方面资源利用率低造成资源枯竭和浪费，另一方面生态环境出现耕地减少、草场荒漠化等问题，产业资源相对承载力下降。产业结构的演变主要表现为第一产业产值比重和第一产业劳动就业人口比重下降。从需求的角度来看，欠发达地区人口以从事第一产业的农林牧渔业为主。随着经济发展水平的提高，第一产业逐步释放部分资源到第二、第三产业，比如大量的农业人口进城务工等。与此同时，生产技术的发展带动产业实现规模化、机械化、集约化，生产水平逐步提高，使得第一产业生产效率提高，单位生产所需劳动力下降。从供给的角度来看，欠发达地区开始重视水、大气、土壤等环境污染的治理，改善自然生态条件，增加产业发展的可利用资源。上述因素影响第一产业资源相对承载力的提高。

第二产业发展所需的资源基本为不可再生资源，比如贵金属、石油、天然气、煤等。欠发达地区工业基础薄弱，发展滞后，产业发展规模偏小，在国民经济中的比重偏低。从供给的角度来看，随着工业化发展的加速和生产规模的扩大，第二产业资源逐步消耗，可开发量减少，产业资源相对承载力富裕率下降。从需求结构变化来看，欠发达地区第二产业发展初期由于工业资源投入粗放、生产技术落后、生产集约化程度低，导致资源能耗强度高，可释放的产业资源空间不大。随着工业技术发展和科技水平的提升，节能减排技术开始应用、新能源技术获得发展，生产流程优化、新生产工艺不断出现，使产业能耗减少，单位生产力提高，进一步提升产业资源的利用率，并释放劳动力的需求，产业资源相对承载力富裕率得以拉升。但相对于全国和发达地区来说，欠发达地区的生产技术水平提升相对缓慢，尚未能大幅降低资源的耗用量，技术进步带来的相对承载力富裕率的上升水平低于生产规模扩大带来的相对承载力富裕率的下降水平，因此，第二产业资源相对承载力整体呈现下降趋势。值得关注的是，在 2007 年 4 月 27 日国务院召开了“钢铁工业关停和淘汰落后产能工作会议”以后，国内钢铁行业的兼并重组从 2007 年开始取得了较快进展，被关停和淘汰的生产企业释放的部分劳动力流向了第一、第三产业，使得 2007~2009 年第二产业资源相对承载力出现一个小高峰，而第一、第三产业资源相对承载力均出现了下降，三次产业呈现出此起彼伏的状态。

第三产业资源相对承载力总体呈现先下降后上升的趋势。第三产业资源主要包括区域内环境资源、生态资源、文化资源等。从需求的角度来看，在产业发展初期，人民生活水平的提高带动了第三产业如旅游、餐饮、住宿等服务性行业的快速发展，吸收了大量从第一、第二产业转移的劳动力，服务性行业的生产总值大幅提升，产业规模的快速扩大压缩了产业资源相对承载力的空间，富裕率出现了下降。从供给的角度来看，欠发达地区往往具有独特的地理位置和自然资源，拥有得天独厚的地域优势和民俗文化，通过充分挖掘民俗文化资源，开发旅游、休闲产品，带动当地餐饮、住宿、商贸的发展，可以扩大就业人口的规模，使产业资源供给的增加值超过需求的增加值，产业资源承载力就会获得提升。

第二节　欠发达地区产业发展曲线的实证

一　模型设计与变量定义

（一）产业发展曲线模型

根据产业发展规律，本节依据环境库兹涅茨曲线理论，提出欠发达地区产业发展与经济增长研究的计算方法，如式（9-1）所示：

$$\ln(y_{it}) = \beta_0 + \beta_1 \times \ln(x_{it}) + \beta_2 \times \ln^2(x_{it}) \qquad (9-1)$$

其中，i 表示第 i 个欠发达地区，t 表示年份，y 表示各地区人均 GDP，x 表示各地区某一产业的生产总值。根据式（9-1）的设定可以做出初步推断，我国欠发达地区产业发展与经济增长可能存在两种关系："线性"、"U 形"或者"倒 U 形"。

若 $\beta_1>0$ 且 $\beta_2=0$，或 $\beta_1>0$ 且 $\beta_2>0$，产业发展与经济增长呈线性正相关关系；若 $\beta_1<0$ 且 $\beta_2=0$，或 $\beta_1<0$ 且 $\beta_2<0$，则产业发展与经济增长呈线性负相关关系。

若 $\beta_1>0$ 且 $\beta_2<0$，产业发展与经济增长呈"倒 U 形"二次函数关系；若 $\beta_1<0$ 且 $\beta_2>0$，产业发展与经济增长呈"U 形"二次函数关系。

（二）样本选择与数据来源

由于需要通过较长时间观测产业发展趋势，因此使用有数据统计和披露的时期 1950~2018 年"滇桂黔"三次产业生产总值及人均 GDP 的面板数据，前者反映的是三次产业经济发展状况，后者反映的是产业发展对经济的推动作用。数据来自历年《中国统计年鉴》。

（三）变量描述性统计

本章所选的数据为平衡面板数据，利用软件 Stata 16 对变量原始值进行描述性统计分析，相关变量的描述性统计结果如表 9-2 所示。

表 9-2 变量的描述性统计

变量	观测值	平均值	标准差	最小值	最大值
人均 GDP(元)	207	41.42	46.93	0.34	178.02
第一产业生产总值(亿元)	207	377.47	311.12	45.09	1176.17
第二产业生产总值(亿元)	207	110.10	137.11	5.20	543.05
第三产业生产总值(亿元)	207	42.06	41.09	0.85	164.74

二 欠发达地区经济发展初期产业结构与经济增长

首先为了分析各产业发展初期对区域经济增长的拉动效益，将式(9-1)中系数 β_2 进行置 0 处理，研究在一次项自变量［ln（x_{it}）］单独作用的情况下，产业发展与经济增长之间的关系。通过测算，所得结论与领域内相关研究保持高度一致，三次产业发展的初期阶段均能够有效推动区域经济增长，结果如表 9-3 所示。

表 9-3 欠发达地区三次产业发展初期与区域经济增长关系分析

变量	欠发达地区人均 GDP		
ln(第一产业生产总值)	1.085^{***} (126.51)		
ln(第二产业生产总值)		0.798^{***} (117.59)	
ln(第三产业生产总值)			0.753^{***} (161.23)
常数项	1.869^{***} (45.15)	3.197^{***} (92.95)	3.589^{***} (155.78)

续表

变量	欠发达地区人均 GDP		
Adj. R^2	0.9873	0.9854	0.9922
F	16005.19	13827.43	25993.92
关系曲线	线性正相关	线性正相关	线性正相关

注：*** 表示在1%的水平下显著，括号内为t值。

根据表9-3的结果，欠发达地区第一产业占了主导地位，依靠自然生态条件，第一产业生产总值每增加1%，可以拉动地区人均GDP提升1.085%，起到了主要的经济拉动作用；欠发达地区大力发展第二产业，但由于资源投入粗放和生产率较低，规模化效益不够明显，第二产业生产总值每增加1%，可以拉动地区人均GDP增加0.798%；欠发达地区通过利用自然资源禀赋，大力发展以旅游业等为主的第三产业，第三产业的规模已超过第二产业，第三产业生产总值每增加1%，可以带动地区人均GDP提升0.753%。上述三个检验均通过1%水平下的显著性检验，拟合度较高，这表明在经济发展初期，三次产业的发展与地区经济增长存在明显的线性正相关关系。因此，在不考虑产业资源承载力的前提下，三次产业发展对经济增长促进作用的效率比较：第一产业排在第一位，其次是第二产业，第三产业排在第三位。

三　欠发达地区经济持续发展的产业结构与经济增长

（一）模型选择

为了进一步研究欠发达地区在经济持续发展的要求下产业结构与经济增长的关系，将式（9-1）中二次项自变量［$\ln^2(x_{it})$］的系数 β_2 进行非0处理，结果如表9-4所示。

表 9-4　欠发达地区三次产业发展与区域经济增长关系分析

变量	欠发达地区人均 GDP		
	(1)	(2)	(3)
ln(第一产业生产总值)	0.558*** (13.64)	0.578*** (6.72)	0.252*** (4.40)
ln^2(第一产业生产总值)	-0.055*** (-13.05)	-0.028* (-2.56)	-0.008 (-1.18)
ln(第二产业生产总值)		0.121** (2.85)	0.097** (2.86)
ln^2(第二产业生产总值)		0.048*** (8.19)	0.014** (2.68)
ln(第三产业生产总值)			0.246*** (7.75)
ln^2(第三产业生产总值)			0.019*** (4.77)
常数项	2.919*** (33.90)	3.028*** (29.18)	3.509*** (47.67)
Adj. R^2	0.9931	0.9973	0.9990
F	14763.30	19042.55	35259.58
关系曲线	倒 U 形	二次曲线正相关 上升部分	二次曲线正相关 上升部分

注：***、**、*分别表示在 1%、5%、10%的水平下显著，括号内为 t 值。

（二）实证结果与稳健性检验

表 9-4 汇报了欠发达地区在经济持续发展的要求下产业结构与经济增长关系的估计结果。在分析第一产业生产总值与地区人均 GDP 的关系时，依次加入第二、第三产业生产总值作为控制变量，第二、第三产业类似地依次加入控制变量观察模型是否仍然适用。从结果来看，解释变量估计系数的正负号及显著性基本未发生变化，由此可以认为回归结果是稳健的。

根据表 9-4 的结果，第一产业的发展与经济增长呈“倒 U 形”

曲线关系。产业发展初期，产业资源承载力较高，边际效益呈上升的趋势，可以通过迅速扩大产业规模实现经济的快速增长。欠发达地区第一产业生产总值每增加1%，可拉动地区人均GDP提升0.558%。由于第一产业主要依靠自然禀赋，随着生产规模的扩大，可利用资源空间缩小，在产业发展中期以后，产业的边际效益逐渐降低，到后期规模红利消失，边际效益接近零甚至出现拐点，第一产业的发展对经济增长的推动作用降低，甚至出现反作用。第一产业生产总值每增加1%，导致地区人均GDP减少约0.055%，出现“资源诅咒”效应。表9-4第（1）列结果表明，我国欠发达地区第一产业的发展对经济增长的影响曲线目前已经越过“倒U形”环境库兹涅茨曲线拐点，开始进入下降的阶段。

第二产业的发展与经济增长呈二次曲线正相关的关系。欠发达地区产业发展的初期阶段，由于基础薄弱，起步较晚，形成资金、技术、人才的“洼地”，通过承接产业转移和吸引资金、技术、人才的流入，第二产业发展具有后发优势，实现经济的快速增长。在第一产业充分发展的基础上，欠发达地区第二产业生产总值每增加1%，可以推动地区人均GDP提升0.121%。但是，根据前一节的结论，第二产业资源基数相对较小，随着工业化的快速发展，第二产业发展对资源耗用的需求加大，对环境的影响也加剧，产业资源承载力下降。如表9-4第（2）列所示，在第二产业发展后期，产业边际效益逐渐减弱，第二产业生产总值每增加1%，地区人均GDP增加0.048%，第二产业的发展对经济增长的推动作用减弱，但两者之间仍然是正相关关系，第二产业的发展与经济增长呈二次曲线正相关上升部分的关系。

第三产业的发展与经济增长呈二次曲线正相关的关系。第三产业的发展要晚于第一、第二产业，但第三产业经济效益逐渐凸显。我国欠发达地区的第三产业发展空间较大，如表9-4第（3）列所示，在发展的初期阶段，第三产业生产总值每增加1%，地区人均

GDP 增加 0.246%，产业边际效益提升，第三产业的发展对经济增长的推动作用逐步提升。产业发展后期，由于技术进步落后于发达地区，技术效应推动不足，规模效应减弱，产业边际效益有所下降。从整体上来看，欠发达地区第三产业发展与经济增长呈二次曲线正相关上升部分的关系。

第三节 产业结构调整路径建议

一 欠发达地区产业结构调整的路径

在不考虑区域产业资源承载力的前提下，欠发达地区可遵循如下产业发展路径，如图 9-1 所示。

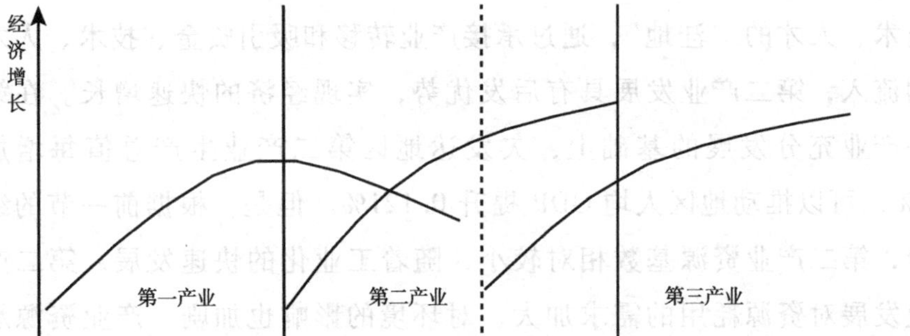

图 9-1 欠发达地区产业发展路径示意

在经济发展初期阶段（$T0 \sim T1$），应当大力发展第一产业。欠发达地区是国内经济发展较为落后的地区，在初期阶段，往往缺乏资金、技术、管理和企业家，具有比较优势的要素主要是可开发的自然生态资源和充裕的劳动力，具有发展差异化特色的自然禀赋条件。第一产业具有丰富的发展要素，是实现减贫的基础部门，因此，应将自然资源、劳动力资源的比较优势转化为经济发展的起步动力，完成发展第二产业的资本积累。当第一产业发展对经济增长的促进作用放缓，接近“倒 U 形”曲线的拐点时，开始进入（*T*1～*T*2）阶段。为了维持较高的经济增长水平，应当在保持第一产业发展规模的基础上，通过资金、技术、人才引进，加快推进第二产业的发展，实现产业结构的转型升级。第二产业发展到一定阶段，对快递、物流、中介、金融等配套支撑服务的需求增加，同时，随着人民生活水平的提高，旅游、休闲、餐饮、娱乐等服务类的需求上升，第二产业发展速度开始放缓。在第二产业到达“倒 U 形”曲线拐点之前时（*T*2～*T*3），这个阶段应加强第三产业的基础设施建设和完善相关配套服务，夯实第三产业发展的基础。工业经过初期粗放发展和中期加快发展阶段，经济发展和资源、环境之间的矛盾逐步显现，第二产业到达“倒 U 形”曲线拐点之后，进入增长速度放缓的 *T*3 阶段。这一阶段，应进一步优化产业结构，通过引入新技术、采用新工艺、改进生产流程、开发新能源等方式，提高第一、第二产业的生产效率，并加快第三产业的发展。

二　产业资源承载力视角下的产业发展路径

在图 9-2 中，实线为欠发达地区产业发展曲线，虚线为产业资源承载力曲线。虚线以上为产业发展超出了产业资源承载力，则产业资源供给不足。产业的发展必须控制在虚线区域以内，越接近虚线，产业可持续发展能力越弱。

产业资源承载力是支撑区域产业持续发展的基础条件。我国欠发达地区产业基础较差、人才和资金投入不足，经济发展相对落后，产业效率相对较低。由于生产技术落后，生产工艺和机器更新不及时，产业选择以农业、采掘和粗加工业为主，对产业资源和生态环境造成巨大压力，因此只有根据产业资源承载力选择产业发展路径才能保持经济高质量发展。

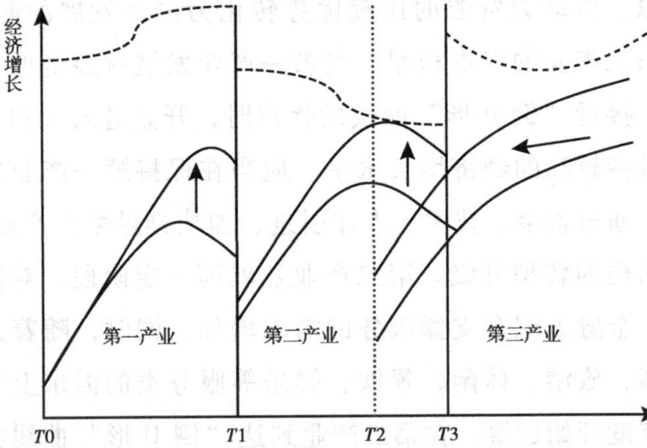

图 9-2 欠发达地区产业资源承载力视角下产业发展路径示意

第一阶段见图 9-2（*T*0～*T*1），结合表 9-1 第（1）列、表 9-4 第（1）列的结果，欠发达地区第一产业快速增长，充分释放第一产业资源的红利，资源承载力下降，产业资源的富裕空间收窄。这一阶段第一、第二产业的边际效益都大于1，呈增长趋势，处于环境库兹涅茨曲线的左侧，可以通过加大第一产业投入，大力发展农林牧渔业，提升第一产业的规模效益，实现经济的高速增长。同时，由于第一产业资源的富裕空间收窄，农业现代化和城镇化建设可以积极推进，将积累资金投向第二产业的发展，缓解由第一产业规模扩大形成对土地资源、森林资源、水资源和牧地资源的过度开发问题。

第二阶段见图 9-2（*T*1～*T*2），结合表 9-1 第（2）列、表 9-4 第（2）列的结果，欠发达地区第一产业资源承载力缓慢上升，第二产业资源承载力下降。这一阶段，由于受第一阶段大力发展第二产业的影响，第一产业资源和经济发展的矛盾缓解了，同时，由于大量的外出农民工转移到城镇生活，农村的劳动力人口减少，自然资源的富裕空间加大。但第二产业在第一阶段的粗放式发展造成了不可再生资源过快消耗、生态环境恶化的问题，进一步压缩了产业资源的富裕空间。第一产业的边际效益在 0～1，增长速度放缓，仍处于环境库兹涅茨曲线的左侧，第二产业的边际效益大于1，呈增长趋势，经济增长速度加快。这一阶段，第一产业扩大生产规模仍然能促进经济增长，但作用减弱。因此，应当加快农业现代化的进程，促进农业生产方式由粗放型向集约型转变。构建现代农业经营体系，促进土地流转，扶持农业大户、产业化龙头企业等，探索规模化的生产经营模式。大力引进先进设备，推动科技创新，着力提高第一产业生产效率。加快工业化的进程，由于第二产业对新型城镇化具有主导作用，是城镇化发展的根本动力，因此通过第二产业的发展能够带动城镇化率的提高。同时通过城镇化的发展刺激需求和创造供给，以促进工业化的发展。

第三阶段见图9-2（*T*2~*T*3），结合表9-1第（3）列、表9-4第（3）列的结果，欠发达地区第一产业资源承载力缓慢上升，第二产业资源承载力下降，第三产业资源承载力较大，且呈稳步增加态势，第三产业资源的资本化能力初步显现。第一产业的边际效益小于0，越过环境库兹涅茨曲线的拐点，处于下降阶段。第二产业的边际效益在0~1，仍然呈现增长趋势，但速度有所放缓。第三产业的边际效益大于1，呈增长趋势，经济增长速度加快。这一阶段，第一产业边际效益下降，难以单纯依靠扩大产业规模推动经济发展，需关注产业内部结构的调整，以提高经济的效率和竞争力，推动经济的可持续发展。第二产业应以转变发展方式为主要任务，走集约化发展道路，提高资源的利用效率。通过技术研发和技术引进，帮助生产企业延伸价值链、增强生产能力、提高产品的附加值，用高端产能提高第二产业的生产效率。欠发达地区基础设施建设和服务相对薄弱，增加基础设施投资和服务可以改善交通流动性，提高能源供应的可靠性。

第四阶段见图9-2（*T*3以后），结合表9-1第（3）列、表9-4第（3）的结果，我国欠发达地区目前第三产业资源承载力上升，发展空间巨大。第三产业边际效益呈上升趋势，资源资本化能力初步显现，能有效推动地方经济发展，应提高第三产业资源承载力，释放第三产业资本红利。随着信息技术的迅速发展，行业分工进一步深化，促进了第一、第二产业和第三产业的互动融合。这一阶段，应加大对电子商务、研发设计、信息技术、融资租赁等新兴服务业的投入，提高区域的生产能力和消费水平，带动全行业生产率的提高。应加快新型城镇化建设进程，加大三次产业融合，扶持新兴产业，促进农业现代化、工业转型升级、高技术行业和服务业的发展，促进生产要素向边际效益高的部门流动，优化产业结构，保障国民经济的持续健康发展。

第四节 对策建议

从欠发达地区生态约束、产业结构和绿色增长三者互动关系的视角来看，本书建议制定以下相关对策建议。

一 宏观、中观和微观的约束补偿与激励制度建设

根据第四章数据分析，欠发达地区绿色全要素生产率偏低。但欠发达地区的经济发展往往处于高耗能甚至生态损失较大阶段，要有宏观、中观和微观的约束补偿与激励制度才可能实现合理的发展。

（一）约束补偿制度建设

约束补偿制度主要体现在宏观方面，包括对生态环境、污染物排放方面的行政性目标和约束，法律法规方面的强制性条款，将自然资源、环境要素纳入要素市场并促进其交易和流动，对要求保持生态平衡或由此付出机会成本的上游地区和产业实施经济补偿，等等。

宏观方面的约束补偿制度，是留住绿水青山的全局的制度保障。

（二）约束激励制度建设

约束激励制度是体现在中观和微观方面的并举制度。如通过建立金融约束激励制度，大力发展绿色金融，为绿色产业提供所需要的金融服务；通过建立财政约束激励制度，充分发挥财政补贴的激励作用，加大绿色产业的财政支持力度；通过建立税收约束激励制度，加大绿色产业的税收优惠力度，降低企业纳税成本；充分发挥政府补贴、第三方治理、税收优惠三者联动机制的作用，对进行减少污染物排放、资源综合利用、绿色产业升级的企业实施税费减免。

中观和微观方面的约束激励制度，是绿水青山转化为金山银山的制度安排。

二　循序渐进推进产业结构优化，避免过早地“去工业化”

根据第四章中国西部欠发达7个省区生态约束、产业结构和绿色增长三者历年变化情况分析，结合第六章实证结果，生态约束与绿色增长之间的关系曲线呈“U形”。原因主要是，生态约束与绿色增长的作用效果与经济发展阶段有关。根据环境库兹涅茨“U形”曲线，当经济发展阶段处于曲线左侧时，经济发展与环境保护处于此消彼长的状态。我国曾经在经济发展的初级阶段，优先发展重工业和采矿业，造成了结构性失衡、产能过剩等严重问题。但是，欠发达地区的经济发展阶段落后于全国，产业结构升级与绿色全要素生产率的相互关系有可能异于发达地区的发展规律。如果地方政府过早地“去工业化”，违背市场规律的产业政策有可能造成产业结构性失衡，导致资源错配和产业空心化。当第三产业的份额被“人为”做大，由于失去第二产业的支撑，反而有可能抑制绿色全要素生产率的提升。欠发达地区遵循经济发展规律，循序渐进实现产业结构的转型升级，使产业结构调整优化到能够充分释放“结构红利”。

三　根据生态约束、产业结构、绿色增长的作用规律确定产业发展战略

根据第七章实证结果，在生态约束影响绿色增长的过程中，产业结构高级化和产业结构合理化发挥中介效应，产业结构是生态约束影响绿色增长的传导中介。因此，基于产业发展和资源、环境的现状，欠发达地区产业结构优化应与产业生态化形成良性互动，通过推动产业生态化来促进产业结构的优化，进而促进绿色全要素生产率的提升。

第一，扶持发展循环型企业。将能源消耗、废物再利用和回收、减少化学原料使用等要求，作为产业环境准入标准，严禁发展高能耗、低效率、高排放的产业。要求企业推行清洁生产，减少产品、服务的材料和能源使用，提高材料和能源的利用效率，最大限度地减少污染物排放。在产品设计环节，应尽可能地开发可减少资源消耗或可利用和回收的产品；在生产制造环节，尽可能地采用清洁生产和绿色工艺，将环境成本和减排收益纳入企业的效益核算。

第二，引导形成产业共生网络。要实现整个产业系统的生态化，在单个企业层面形成清洁生产和节能减排是不够的，还必须在中观层面形成产业共生网络，实现整个经济系统各产业生产过程中的物质循环利用。欠发达地区政府应依靠产业转型、技术创新等多种手段，指导建立基于生态系统承载力和具有物质循环功能的复合型生态系统。欠发达地区的地理位置和资源禀赋不同，主导产业和发展重点不同。根据产业结构调整的方向，结合当地优势产业，发展不同类型的生态工业园区。建立资源节约型、低碳环保型的国民经济生产体系。在加快推进服务业发展的同时，加快建立具有环境标志的绿色产品制度，积极提倡适度消费、绿色消费的观念，在公众之中树立绿色发展的理念。

第三，促进区域产业生态系统和产业集群的建立。将生态工业

园区扩大到更大的区域空间，形成区域循环经济。在产业生态化过程中，欠发达地区可以形成区域经济圈和产业集聚区，培育生态产业集群。

四 增强生态约束传导变量的作用效果

根据第八章实证结果，在一定条件下，资源、环境因素主要通过内生的要素流动、技术变化和外生的制度安排三类渠道因素影响绿色增长。由于上述影响因素存在“挤出效应”，因而生态约束传导机制存在多重影响下的失灵，并对绿色增长产生间接的负向影响。因此，必须加强传导变量的作用效果。

第一，坚持创新发展理念，增强产业经济增长新动能。

基于前文对绿色增长通过技术创新驱动产业结构优化的理论分析和实证分析，本书建议从以下几个方面着手加快实现创新驱动欠发达地区产业结构转型升级，促进经济高质量发展。

（1）以创新驱动国家发展战略，以制度创新驱动产业技术创新。着力实施创新驱动发展战略，围绕产业发展的各环节，以需求促研发，促进企业、研发机构和高等学校的协同创新。以绿色化、智能化、数字化、网络化为出发点，聚焦核心技术的战略性新兴产业。完善鼓励技术创新的体制机制，完善覆盖技术研发、产品设计、品牌营销、技术认证、技术推广等的综合性服务平台体系。推动创新、创造、创业的深度融合，让各类创新主体和岗位革新能手在科技成果转化中得到合理回报。鼓励大众创新和创业活动，有效释放全社会的创新潜力，促进各类创新成果的转化和产业化。

（2）以创新驱动绿色多元化产业结构体系的形成。产业结构的多元化有利于缓解资源使用结构性失衡的压力，发展绿色经济、低碳经济和循环经济。改变传统产业粗放型生产方式，大力实施技术改造和流程再造，提高传统产业产品附加值，促进传统产业从国际产业链分工的低端环节向中高端环节转移。引导产业向分工细化、协作生产的产业转移，鼓励小微企业通过订单生产等方式与大型骨干企业开展经济技术合作，并建立稳定的合作关系，从而推动二者协同创新发展。国家对“创新型”企业进行财政补贴和投入时，应适当向欠发达地区倾斜，缩小地区间科技水平的差距和创新能力的空间极差，加快区域创新协调发展，带动区域特色产业增长，促进产业结构升级。

(3) 以创新带动战略性新兴产业发展，带动产业结构转型升级。新兴产业具有高度创新、高速增长和战略先进的特点，代表着新技术的产业化能力，成为产业结构转换的新趋势，也成为一国或地区产业结构转型升级的主导力量。加快发展战略性新兴产业，以提升我国新兴产业的科技发展水平。支持有实力的企业进行跨国经营，参与国际竞争，培育国际化的产品品牌。围绕新能源、新材料、生物医药、高端装备制造、航空航天、新一代信息技术等战略性新兴产业领域，培育一批有国际竞争力的新兴产业和相关企业，形成区域性、战略性新兴产业集群。加强大数据、5G、物联网等技术在产业中的普及和应用，使之成为推动产业结构优化的新动力。

第二，坚持协调发展理念，推进产业的融合对接协作。

根据绿色增长的要求，推动要素资源的合理化配置。在产业结构合理化水平区间外，不要过度追求产业结构高级化，而是要做好资源的优化配置，以提升产业结构合理化水平为主，兼顾环保、低碳、可持续发展的目标要求。在产业结构合理化水平区间内，则通过技术升级和创新引入，大力推进区域主导产业的更迭与变迁，推动产业结构的顺次演进。欠发达地区的产业经济发展，应围绕产业质量、产业效率两个方面来推动产业结构优化升级，这是经济高质量发展的要求，也是产业结构演变的必然选择。

产业结构的优化升级需要产业技术水平和产出质量的提升。在这个过程中，生产要素会向更有效率的部门流动，提高资源配置效率，促进产业结构的合理化。同时，在这个过程中，产业集聚会提高企业的生产效率和收益，从而增强产业高质量发展的动力，奠定产业结构优化升级的技术和物质基础。

在绿色增长要求下，产业结构优化首先要突出产业发展质量。围绕产业的高质量发展，应通过产业结构的合理化调整，扩大供给、提升质量，树立优质品牌，把产业发展的重点从规模和数量转向溢出价值。促使企业从简单加工、初级制造向高精尖生产转移，从原料生产、初加工向高科技含量的制造转变，从而实现产业分工地位在全球价值链中的提升，实现产业结构的高级化水平提升。一方面，坚决落实“去杠杆”“去库存”，为产业提升质量创造良好的环境；另一方面，积极淘汰落后产能，为有效供给提供充足的市场空间。

绿色增长要以产业效率提升为导向。以环境规制、技术创新、机制改革等激发企业主体的活力，推动产业提高技术效率、优化生产规模、提升投入产出效益。要以产业结构高级化水平的提升为突破口，努力提高自然资源和生产要素集约利用水平，减少资源消耗和环境破坏。打破区域之间的壁垒，通过要素市场化，可以促进生产要素在产业和地区之间的自由流动，实现产业间的合理配置，提高产业结构优化效率。

第三，以不同的政策梯级，获取开放的“政策红利”。实证分析表明，欠发达地区较少获得对外开放的“政策红利”。因而，产业结构优化及绿色增长的空间相对较大。

(1) 加入适宜的内循环供应链，获取产业结构优化的政策红利。加入内循环供应链，是欠发达地区相对的“对外开放”。从产业结构优化中获得经济增长的基础及经验，这是欠发达地区发展的基本部分，应着重研究制定加入和引进内循环供应链的政策。相对发达地区的产业发展水平，一般能够形成对欠发达地区产业发展的引领、扶持、带动或调整。这种政策红利可能较大，其安全性也比较高。

(2) 根据地域特色，从内外循环的供应链中获取绿色发展的营养。欠发达地区的一些产业，如日照充裕地区的光伏产业、生态资源丰裕地区的有机食品产业、景色特殊地区的旅游产业、资源特殊地区的康养产业等，可能具备绿色增长的条件，一些地区甚至具备引进外资、低碳及快速发展的条件，应该制定和形成绿色发展的政策。

五　根据产业资源承载力确定产业发展路径

产业资源承载力是支撑区域产业持续发展的基础条件。欠发达地区产业基础较差、人才和资金投入不足，经济发展相对落后，产业效率相对较低，可能对产业资源和生态环境造成巨大压力，这对生态脆弱的欠发达地区影响更大。根据产业资源承载力变化，以及三次产业边际效益曲线的变动情况，我国欠发达地区目前主要处于第二阶段向第三阶段发展的过程，这一阶段第二产业资源承载力下降，第三产业资源承载力较大，且呈稳步增加态势，第三产业资源的资本化能力初步显现。这一阶段产业发展的路径拟应为以下方面。

第一产业应调整内部结构，基于资源的比较优势发展特色产品产业，通过提高产业的技术效率和规模效率，提升产业要素的生产率水平，让产业发展曲线回调至环境库兹涅茨曲线的拐点（较低资源消耗）之前。

第二产业要加快从以加工业为主向以制造业为主转型，特别要加强科技创新，加快高新技术产业的发展，依靠高新技术行业拉动第二产业劳动生产率的提高。通过节能减排技术的引入和创新，加快产业结构转型，去除低效产能，努力把发展强度控制在产业资源承载力之下。

欠发达地区除了扩大生产性基础设施规模，还要加大生产性服务业的发展，如水电燃气行业的技术更新，推动交通运输、餐饮服务、物流快递、通信服务、金融中介、教育保健等服务性行业的发展，因此，应进一步加大第三产业的投资和建设，释放第三产业的资本红利，以第二、第三产业的协同发展推动城镇化进程。

第五节　应用落地案例[①]

一　广西靖西市工业发展规划（2018~2020年）

2018~2019年，广西壮族自治区工业和信息化厅牵头组织的广西第一批重点县工业发展规划编制项目“靖西市工业发展规划（2018—2020年）”。

基于第四章欠发达地区绿色全要素生产率偏低、第三产业产值占比偏高和本章欠发达地区第一产业资源相对承载力最大、第二产业资源相对承载力最小等研究结论，运用第六章的综合集成预测模型对广西靖西市的发展环境、发展基础及机遇挑战进行了综合分析。在此基础上，结合本章的产业结构调整路径建议，从可持续发展的角度将欠发达地区经济发展分成四个阶段实行不同的产业发展策略，并提出如下总体思路。2018~2020年，靖西市仍处于工业发展的初中级阶段，应贯彻落实新发展理念，统筹推进“五位一体”总体布局，协调推进“四个全面”战略布局，坚持推动高质量发展，以供给侧结构性改革为主线，持续推进“工业强市”战略。着力提升壮大传统产业，加快培育新兴产业，振兴发展农产品深加工业，大力发展生产性服务业，着力提升园区支撑能力、科技支撑能力、要素保障能力，着力破除制约工业发展的体制机制障碍，努力构建质量更高、结构更优、效益更好、生态更美的工业高质量发展新体系，奋力推动全市经济高质量发展迈上新台阶。

该课题顺利通过结题专家评审，评价为：该课题报告内容完整，数据翔实，观点新颖，规划建议合理可行，对靖西市工业发展的指导性很强。相关课题成果已转化为政策应用，代拟的《靖西市工业

① 本节案例数据取自广西壮族自治区统计局发布的2019~2021年的公开资料。

发展规划（2018—2020年）》由靖西市人民政府于2019年3月22日以靖政发〔2019〕1号文正式印发实施。

2020年，靖西市经济运行总体呈现稳中提质、稳中向好的良好态势，保持在合理区间。全市生产总值增长6.4%，其中第一产业增加值增长6.4%，第二产业增加值增长8.0%，第三产业增加值增长4.4%，规模以上工业增加值增长8.1%。实现财政收入21.66亿元，下降6.0%；固定资产投资增长8.7%；社会消费品零售总额完成34.96亿元，增长5.4%；城镇居民人均可支配收入完成31866元，增长3.8%；农村居民人均可支配收入完成12334元，增长8.7%；常住人口城镇化率为30.76%。从工业情况来看，2020年，靖西市完成规模以上工业总产值48.6亿元，增长8.1%，比上年提升4个百分点。

二　广西工业高质量发展指标体系及评价研究

2019年，广西壮族自治区工业和信息化厅课题“广西工业高质量发展指标体系及评价研究”。

基于第四章产业结构、绿色增长评价指标体系，结合第六、第七、第八章实证结果，采用规模效益、创新发展、结构优化、融合发展和绿色发展等5个一级指标21个二级指标构成广西工业高质量发展指标体系。通过广西工业高质量发展指标体系及评价研究，进一步贯彻落实中央全面深化改革委员会发布的《关于推动高质量发展的意见》的决策部署，对标国家、自治区关于高质量发展的指标体系，在参考国家统计局关于工业经济高质量发展评价指标体系的基础上，充分借鉴外省（区、市）有关方面的先进经验，建立广西工业经济高质量发展评价指标体系，通过量化的方式，衡量评价广西推动工业高质量发展的成效，进一步结合本章第三节、第四节的产业结构调整路径建议和对策建议，提出推动工业经济高质量发展的路径以及对策建议，为编制“十四五”相关规划提供思路，为自治区党委、政府及有关部门提供决策参考。

该课题顺利通过结题专家评审，评价为：有关工业高质量发展评价指标体系设置合理，评价方法科学，评价结果客观实际，可为自治区开展全区工业高质量发展评价提供重要决策参考。相关指标体系和对策建议已运用到自治区关于促进工业稳增长成效明显的地方督查激励等实际评价工作中。

2019 年，广西启动实施“千企技改”工程，围绕高质量发展目标，推动企业实施技术改造，通过补链补线、提升产能、改进工艺装备、推动智能制造、加快绿色改造五大重点，推动传统优势产业“二次创业”和新兴产业加速发展。截至 2020 年，广西推进“千企技改”项目 2032 项，竣工投产重点工业项目 1019 项，新增产值 2767 亿元，推进了 2.0T 发动机、智能手机、电声产品、高端铝车身、新能源汽车动力电池、锂电新能源材料等一批补链强链项目。全区电子及通信设备制造业增加值比 2019 年增长 13.2%，医疗仪器设备及仪器仪表制造业增长 8.5%。高技术产业投资比 2019 年增长 12.4%，其中高技术制造业投资增长 20.4%。2020 年，新能源汽车比 2019 年增长 1.9 倍，光电子器件增长 1.5 倍，锂离子电池增长 13.4%，电子元件增长 10.9%。

三　广西工业大县发展综合评价

2019 年，广西壮族自治区工业和信息化厅课题“广西工业大县发展综合评价”。

根据广西县域工业发展实际，结合第四章中产业结构、绿色增长评价指标体系，构建广西工业大县发展综合评价指标体系。主要评价指标设 5 个一级指标 8 个二级指标，权数总值为 100 分。5 个一级指标是规模总量、质量效益、创新发展、集约发展和绿色发展。对广西的凌云县等 70 个工业大县的工业发展质量进行评价具有以下重要意义：一是有助于全面、客观了解广西工业大县发展的优势与不足，为下一步制定产业规划、选择县域主导产业、合理进行产业布局提供依据；二是借助指标体系，可从定量和定性两个方面对工业大县的发展情况进行全面、科学的分析，避免过去只从定性角度进行评价的不足，助推县域经济高质量发展。对广西县域工业发展质量进行评价，还可以实现以下目的：一是构建客观全面的工业大县评价指标体系，从规模总量、质量效益、创新发展、集约发展和绿色发展等方面对工业大县的发展情况进行分析和评价；二是依据评价指标体系，每年对各县（市、区）工业发展情况进行评价，结果作为各县（市、区）政策扶持、奖励和调整分档标准的主要依据。

该课题顺利通过结题专家评审，评价为：该课题内容完整，数据翔实，观点新颖，有关工业大县工业高质量发展评价的指标体系设置合理，评价方法科学，评价结果客观实际，可为自治区开展县域工业高质量发展评价提供重要决策参考。相关指标体系和对策建议已运用到自治区关于县域工业发展综合评价工作中。

根据《2019年广西县域工业发展质量评价工作方案》，对广西70个县市工业发展质量进行评价。从总体得分情况来看，广西工业大县经过两年的建设，取得了明显成效。5个评价维度的8个指标中，规模总量整体向好，但工业产值占GDP比重总体下降，且呈区域分布不均态势；质量效益维度总体向好，反映各县工业经营效益在提升；创新发展方面，各县高度重视将创新发展理念渗透至产业发展，并增加了一定的投入，成效明显，但创新发展两项指标整体还比较靠后；集约发展方面，产业结构优化成效明显，经过强龙头、聚集群战略，产业示范效应逐步呈现；绿色发展方面，各县高度重视绿色发展理念，把能耗作为考核指标，能耗控制取得了积极效果。

2018~2020年，广西工业创新驱动支撑能力不断增强，产品高端化持续加快，产业结构趋向合理，要素产出效益提升，绿色发展能力凸显，初步形成了高质量发展体系。2018~2020年，广西工业投资年均增长10.9%，高于全部投资年均增速2.9项百分点，工业用电、税收、利润等匹配性指标增速稳居全国前列；乘用车、工程机械、内燃机、电解铜、氧化铝产量进入全国前五，战略性新兴产业对工业增长的贡献率超过 35%；实施“双百双新”项目 411 项，竣工投产重点工业项目 1019 项，新增产值 2767 亿元；广西生物医药领域的中恒集团、柳药股份、国发股份、桂林三金、莱茵生物等 10 家上市企业总市值达 375.29 亿元。

第六节　本章小结

在经济发展初期，欠发达地区三次产业的发展与地区经济增长均存在明显的线性正相关关系，三次产业的发展均明显促进了地区经济的发展。在不考虑产业资源承载力的前提下，三次产业对经济增长促进作用的效率比较：第一产业排在第一位，其次是第二产业，最后是第三产业。经济发展中后期，欠发达地区第一产业的发展与经济增长呈“倒 U 形”曲线关系，第二、第三产业发展与经济增长关系曲线是二次曲线正相关上升部分。这表明在三次产业发展中，第一产业对地区经济增长的促进作用减弱，第二、第三产业的发展则有效促进地区经济的发展。

根据产业资源承载力的变化，以及三次产业边际效益曲线的变动情况，从可持续发展的角度分析，将欠发达地区的经济发展分成四个阶段。第一阶段，应大力发展第一产业，以第一产业规模的扩大来拉动经济增长。第二阶段，在第一产业的边际效益进入下降阶段以前，在保证基本社会供给的前提下，调整第一产业结构，将部分要素投向第二产业，形成区域经济发展的持续支撑动力。通过构建现代农业产业体系，完善生产体系、经营体系和产业支持政策，健全产业社会化服务体系，开展多种形式的规模经营，推高边际效益曲线。第三阶段，第二产业以转变发展方式为主要任务，走集约化发展道路，提高资源的利用效率。通过技术研发和技术引进，帮助生产企业延伸价值链、增强生产能力、提高产品的附加值，用高端产能提高第二产业的生产效率。同时，释放第三产业的资本红利，以第二、第三产业的协同发展推动城镇化进程。第四阶段，进入工业化中后期，产业分工日益深化、细化，需要打破产业界限，实行跨界合作和协同发展，推进三次产业的融合发展。

本书研究成果应用于“靖西市工业发展规划（2018—2020年）”“广西工业高质量发展指标体系及评价研究”“广西工业大县发展综合评价”等三个实际项目中，均取得了较好的实施效果。

结论与展望

我国欠发达地区大部分处于西部地区，自然条件差、产业基础弱、生态环境脆弱，现有传统产业大多能源消耗量大、产品附加值低、环境污染相对严重，在绿色全要素生产率的提升成为欠发达地区经济增长的源泉的背景下，产业结构优化与绿色增长之间的良性互动关系尚未形成。因此，本书基于前文中国欠发达地区生态约束对绿色增长的作用机理分析、动态关系分析、空间效应分析以及推动绿色增长和产业结构优化协同演进方面的国际经验，得出如下结论。

结论1：欠发达地区绿色全要素生产率偏低，第三产业产值占比偏高

基于2000~2019年的数据，客观评价欠发达地区生态约束、绿色增长、产业结构优化现状。研究发现，欠发达地区绿色全要素生产率偏低，绿色增长水平滞后于东部、中部发达地区，但呈逐步提升的趋势，欠发达地区的产业结构不合理现象依然存在，仍有较大发展潜力；欠发达地区产业结构高级化水平提升，产业结构“服务化”特征明显，第三产业产值占比高，但发展趋势与全国、东部不相同，与中部、西部地区类似，即总体呈现先下降后上升的趋势，并整体落后于全国的平均水平，且水平发展趋势与全国、东部地区比较呈现“剪刀差”的分布状态；欠发达地区产业结构关联性和协调性有所增强，逐步趋向合理化。

结论 2：欠发达地区生态约束与绿色增长之间的关系曲线体现为“U 形”的左侧部分

构建模型验证生态约束与绿色增长的非线性关系，并检验“U 形”曲线是否存在。结果表明，欠发达地区生态约束与绿色增长之间的关系曲线体现为“U 形”的左侧部分，生态约束与绿色增长存在空间相关性和区域异质性，并互为因果关系。进一步建立由 ARMA 模型、VAR 模型和 VEC 模型组成的综合集成预测模型。基于上述预测模型，对欠发达地区未来几年的生态约束和绿色增长指标进行预测，结果表明，未来五年，预测的 6 个省区的绿色增长水平处于波动状态，但趋势上更接近效率前沿面，即绿色投入产出的效率改善。生态约束水平各省区的变化趋势有所不同，其中甘肃、内蒙古的生态约束水平缓慢提升，云南的生态约束水平有所下降，广西和四川的生态约束水平波动提升，陕西的生态约束水平不变。

结论 3：产业结构是生态约束影响绿色增长的传导中介

通过分析生态约束、产业结构优化与绿色增长的关系，结果表明生态约束通过产业结构高级化、产业结构合理化作用于绿色增长。在生态约束影响绿色增长的过程中，产业结构高级化、产业结构合理化发挥中介效应，因此，产业结构是生态约束影响绿色增长的传导中介。

结论 4：生态约束产生“挤出效应”，这是欠发达地区生态约束与绿色增长之间的关系曲线体现为“U 形”左侧部分的原因

运用柯布-道格拉斯生产函数构建生态约束传导机制的理论模型，以此为基础建立欠发达地区生态约束传导机制的分析框架。首先，发现生态约束产生“挤出效应”，使内生变量、技术创新和外生变量三类中介渠道因素难以发挥对绿色增长的促进作用，这是欠发达地区生态约束与绿色增长之间的关系曲线体现为“U 形”左侧部分的原因。其次，发现传导变量是影响生态约束与绿色增长之间呈非线性关系的原因。最后，通过进一步识别，发现这些变量均存在一个阈值，变量值低于或高于等于门限值时，生态约束对绿色增长的影响基本显著为负，但估计系数发生了变化。原因是在“U 形”曲线左侧有个拐点，越过拐点之后曲线下降的速度减缓，而这些变量的阈值是形成这个拐点的原因，门限变量超过阈值后估计系数基本变小，使下降的速度出现了变化。这是欠发达地区生态约束与绿色增长呈“U 形”曲线关系的原因。

结论 5：从可持续发展的角度，将欠发达地区经济发展分成四个阶段实行不同的产业发展策略

通过建立产业资源承载力综合评价体系，分析了产业发展与资源承载力的关系。结果表明，我国欠发达地区第一产业资源相对承载力的贡献最大，达到 86.8%；第二产业资源相对承载力的贡献最小，不到 1%；第三产业资源相对承载力的贡献居中，其增长速度最快。基于资源相对承载力模型，结合欠发达地区三次产业与经济增长关系的实证分析，本书提出了基于资源承载力的产业可持续发展路径。根据产业资源承载力的变化，以及三次产业的边际效益曲线变动情况，从可持续发展的角度分析，将欠发达地区的经济发展分成四个阶段。第一阶段，应大力发展第一产业，以第一产业规模的扩大来拉动经济增长。第二阶段，在第一产业的边际效益进入下降阶段以前，在保证基本社会供给的前提下，调整第一产业结构，将部分要素投向第二产业，形成区域经济发展的持续支撑动力。通过构建现代农业产业体系，完善生产体系、经营体系和产业支持政策，健全产业社会化服务体系，开展多种形式的规模经营，推高边际效益曲线。第三阶段，第二产业以转变发展方式为主要任务，走集约化发展道路，提高资源的利用效率。通过技术研发和技术引进，帮助生产企业延伸价值链、增强生产能力、提高产品的附加值，用高端产能提高第二产业的生产效率。同时，释放第三产业的资本红利，以第二、第三产业的协同发展推动城镇化进程。第四阶段，进入工业化中后期，产业分工日益深化、细化，需要打破产业界限，实行跨界合作和协同发展，推进三次产业的融合发展。

参考文献

阿瑟·刘易斯．经济增长理论［M］．郭金兴等译，北京：机械工业出版社，2015.

奥蒂．资源富足与经济发展［M］．张效廉译，北京：首都经济贸易大学出版社，2006.

蔡昉．中国经济增长如何转向全要素生产率驱动型［J］．中国社会科学，2013（1）：56-71+206.

曹永利．俄罗斯经济增长中的自然资源效应［D］．沈阳：辽宁大学，2011.

陈磊，姜海，陈文宽，贾文韬．生态约束下的湖滨土地利用研究——以四川省仁寿县黑龙滩镇为例［J］．长江流域资源与环境，2019，28（1）：231-240.

陈义勇，刘卫斌．基于生态因素约束的我国城镇人口空间格局预景［J］．生态经济，2015，31（4）：181-183.

崔凤花．环境、资源约束下产业结构调整优化模型分析［D］．兰州：兰州大学，2009.

崔凤军，杨勇慎．产业结构对城市生态环境的影响评价［J］．中国环境科学，1998（2）：166-169.

崔云．中国经济增长中土地资源的“尾效”分析［J］．经济理论与经济管理，2007（11）：32-37.

大卫·李嘉图．政治经济学及赋税原理［M］．郭大力，王亚南译，北京：商务印书馆，1962.

董杨．生态文明建设视阈下农业环境规制的投资效率问题研究［J］.

宏观经济研究，2020（5）：118-129+175.

杜朝晖．经济新常态下我国传统产业转型升级的原则与路径［J］．经济纵横，2017（5）：61-68.

樊纲，王小鲁，马光荣．中国市场化进程对经济增长的贡献［J］．经济研究，2011（9）：4-16.

封志明，游珍，杨艳昭，施慧．基于三维四面体模型的西藏资源环境承载力综合评价［J］．地理学报，2021（3）：645-662.

冯琰玮，甄江红，马晨阳．内蒙古生态承载力评价及生态安全格局优化［J］．地理研究，2021（4）：1096-1110.

冯志军，康鑫，陈伟．知识产权管理、产业升级与绿色经济增长——以产业转型升级期的广东为例［J］．中国科技论坛，2016（1）：118-123.

干春晖，郑若谷．改革开放以来产业结构演进与生产率增长研究——对中国1978~2007年“结构红利假说”的检验［J］．中国工业经济，2009（2）：55-65.

干春晖，郑若谷，余典范．中国产业结构变迁对经济增长和波动的影响［J］．经济研究，2011（5）.

高辰颖．资源错配与产业结构变迁［D］．北京：首都经济贸易大学，2018：117-118.

高建勇，汪浩瀚．中国产业结构与全要素生产率的互动关系——基于非参数Malmquist指数与VAR模型［J］．科技与管理，2019（3）：9-14.

关小克，王秀丽，张凤荣等．生态刚性约束下的山区农村居民点整治与调控——以北京市门头沟区为例［J］．资源科学，2017，39（2）：220-230.

郭剑雄，曹昭义．钱纳里结构转变理论中的农业发展观［J］．山东工程学院学报，2000（1）：59-62+67.

郭凯明，潘珊，颜色．新型基础设施投资与产业结构转型升级［J］．中国工业经济，2020（3）：63-80.

海琴，高启杰．资源密集地区区域创新能力挤出效应研究［J］．科技进步与对策，2020（19）：41-50.

韩永辉，黄亮雄，王贤彬．产业结构升级改善生态文明了吗——本地效应与区际影响［J］．财贸经济，2015（12）：129-146.

韩永辉，黄亮雄，王贤彬．产业政策推动地方产业结构升级了吗？——基于发展型地方政府的理论解释与实证检验［J］．经济研究，2017（8）：33-48.

胡鞍钢，周绍杰．绿色发展：功能界定、机制分析与发展战略［J］．中国人口·资源与环境，2014（1）：14-20.

胡卫卫，于水，辛璄怡等．资源环境约束下福建省生态效率的区域差异与动态演变［J］．水土保持通报，2018（2）：204-209+216.

黄和平，乔学忠，张瑾等．绿色发展背景下区域旅游业碳排放时空分异与影响因素研究——以长江经济带为例［J］．经济地理，2019（11）：214-224.

黄群慧．"新常态"、工业化后期与工业增长新动力［J］．中国工业经济，2014（10）：5-19.

黄毅祥，蒲勇健．售电侧改革、市场主体变化与电价红利：基于讨价还价博弈［J］．管理工程学报，2020，34（3）：74-82.

姬志恒，张鹏．环境约束下中国城市土地利用效率空间差异及驱动机制——基于285个地级及以上城市的研究［J］．中国土地科学，2020（8）：72-79.

简新华，杨艳琳．产业经济学（第二版）［M］．武汉：武汉大学出版社，2009：46.

揭懋汕，郭洁，陈罗烨等．碳约束下中国县域尺度农业全要素生产率比较研究［J］．地理研究，2016，35（5）：898-908.

金芳，金荣学．农业产业结构变迁对绿色全要素生产率增长的空间效应分析［J］．华中农业大学学报（社会科学版），2020（1）：124-134+168-169.

靖学青．产业结构高级化与经济增长——对长三角地区的实证分析［J］．南通大学学报（社会科学版），2005（3）：51-55.

雷海，王皓，朱明侠．产业集聚、能源消耗与环境污染［J］．工业技术经济，2017（9）：58-64.

李春顶．中国制造业行业生产率的变动及影响因素——基于DEA技术的1998-2007年行业面板数据分析［J］．数量经济技术经济研究，2009（12）：58-69.

李华旭，杨锦琦．生态环境约束下农业全要素生产率时空变化研究——以江西为例［J］．南昌大学学报（人文社会科学版），2020（3）：81-90.

李华旭，杨锦琦．生态环境约束下农业全要素生产率时空变化研究——以江西为例［J］．南昌大学学报（人文社会科学版），2020（3）：81-90.

李江龙，徐斌．“诅咒”还是“福音”：资源丰裕程度如何影响中国绿色经济增长？［J］．经济研究，2018，53（9）：151-167.

李静，任继达．中国工业的用水效率与决定因素——资源和环境双重约束下的分析［J］．工业技术经济，2018（1）：122-129.

李柯颖，李莉．基于环境规制视角的西北地区生态效率测度及提升路径探析［J］．西北大学学报（自然科学版），2021，51（1）：143-154.

李世祥，王楠，吴巧生等．贫困地区能源与环境约束下经济增长尾效及其特征——基于中国21个省份2000~2017年面板数据的实证研究［J］．数量经济技术经济研究，2020，37（11）：42-60.

李嫒，段佩利，邵喜高等．长江经济带城市群开发强度与生态环境承载力关系分析［J］．统计与决策，2021（10）：70-74.

李雪松，曾宇航．中国区域创新型绿色发展效率测度及其影响因素［J］．科技进步与对策，2020（3）：33-42.

李子豪，毛军．地方政府税收竞争、产业结构调整与中国区域绿色发展［J］．财贸经济，2018，39（12）：142-157.

理查德·坎蒂隆．商业性质概论［M］．余永定，徐寿冠译．北京．商务印书馆．1986.

联合国开发计划署．中国人类发展报告2002：绿色发展　必选之路［M］．中国财政经济出版社，2002.

梁林，李青，刘兵．环境约束下省域科技资源配置效率：时空格局、演变机理及影响因素［J］．中国科技论坛，2019（6）：125-135+146.

林毅夫．新结构经济学——重构发展经济学的框架［J］．经济学（季刊），2011（1）：1-32.

刘海平，宋一弘，魏玮．资源禀赋、制度质量与外商直接投资——基于投资引力模型的实证分析［J］．中南大学学报（社会科学版），2014（5）：166-170.

刘红玉，李兆富，李玉凤等．基于生态约束与支撑作用的国家湿地公园生态可持续评估指标研究［J］．资源科学，2015，37（4）：805-814.

刘纪远，邓祥征，刘卫东等．中国西部绿色发展概念框架［J］．中国人口·资源与环境，2013（10）：3-9.

刘明广．中国省域绿色发展水平测量与空间演化［J］．华南师范大学学报（社会科学版），2017（3）：37-44+189-190.

刘伟，张辉，黄泽华．中国产业结构高度与工业化进程和地区差异的考察［J］．经济学动态，2008（11）：4-8.

刘耀彬，黄梦圆，白彩全．自然资源与经济增长——基于金融发展门槛效应［J］．自然资源学报，2015（12）：1982-1993.

刘耀彬，肖小东，邵翠．长江经济带水土资源约束的动态转换机制及空间异质性分析——基于平滑面板转换模型和趋势面的检验［J］．中国人口·资源与环境，2019，29（3）：89-98.

刘赢时，田银华，罗迎．产业结构升级、能源效率与绿色全要素生产率［J］．财经理论与实践，2018，39（1）：118-126.

卢福财，徐远彬．环境约束下欠发达地区工业发展路径分析——以江西为例［J］．江西社会科学，2017，37（12）：53-62.

芦思姮．“资源诅咒”命题及其制度传导机理研究［J］．学术探索，2017（8）：82-87.

伦蕊．产业结构合理化的基本内涵与水平测评［J］，特区经济，2005（6）：54-56.

罗斯托．经济成长的过程［M］．国际关系研究所编译室译，北京：商务印书馆，1962.

马尔萨斯．人口原理［M］．朱泱等译，北京：商务印书馆，1992.

马晓君，李煜东，王常欣等．约束条件下中国循环经济发展中的生态效率——基于优化的超效率 SBM-Malmquist-Tobit 模型［J］．中国环境科学，2018（9）：3584-3593.

梅梦媛，陈振杰，张云倩等．居民活动空间与生态约束协调的城市开发边界划定方法——以长沙市为例［J］．长江流域资源与境，2018，27（11）：2472-2480.

潘竟虎．多指标约束的兰州市生态适度人口测度［J］．人口与发展，2013（2）：33-39.

彭爽，张晓东．"资源诅咒"传导机制：腐败与地方政府治理［J］．经济评论，2015（5）：37-47.

彭伟斌，曹稳键．"十四五"时期我国区域协调与绿色融合发展研究［J］．企业经济，2021，40（3）：142-150.

钱易．努力实现生态优先、绿色发展［J］．环境科学研究，2020（5）：1069-1074.

渠慎宁，吕铁．产业结构升级意味着服务业更重要吗——论工业与服务业互动发展对中国经济增长的影响［J］．财贸经济，2016（3）：138-147.

任建兰，张淑敏，周鹏．山东省产业结构生态评价与循环经济模式构建思路［J］．地理科学，2004（6）：648-653.

戎一翎．生态廊道约束下的大都市边缘区小城镇规划初探——以南京六合区瓜埠镇为例［J］．东南大学学报（哲学社会科学版），2010（S1）：125-129.

商迪，李华晶，姚珺．绿色经济、绿色增长和绿色发展：概念内涵与研究评析［J］．外国经济与管理，2020（12）：134-151.

苏东水．产业经济学［M］．北京：高等教育出版社，2002.

孙瑾，刘文革，周钰迪．中国对外开放、产业结构与绿色经济增长——基于省际面板数据的实证检验［J］．管理世界，2014（6）：

172-173.

孙伟，严长清，陈江龙等．基于自然生态约束的滨湖城市土地利用分区——以无锡市区为例［J］．资源科学，2008（6）：925-931.

孙永平，叶初升．自然资源丰裕与产业结构扭曲：影响机制与多维测度［J］．南京社会科学，2012（6）：1-8.

谭赛．对外直接投资、逆向技术溢出与中国创新能力——基于中国与“一带一路”沿线不同类型国家的实证分析［J］．湖南科技大学学报（社会科学版），2019（3）：60-66.

田孟，王毅凌．工业结构、能源消耗与雾霾主要成分的关联性——以北京为例［J］．经济问题，2018（7）：50-58.

田时中，赵鹏大．煤炭消耗、污染排放与区域经济增长［J］．经济问题探索，2017（3）：170-177.

万建香，汪寿阳．社会资本与技术创新能否打破“资源诅咒”——基于面板门槛效应的研究［J］．经济研究，2016（12）：76-89.

汪戎，朱翠萍．资源与增长间关系的制度质量思考［J］．清华大学学报（哲学社会科学版），2008（1）：152-158.

王宾，杨琛．长江经济带水资源对城镇化的约束效应研究［J］．宏观经济研究，2019（6）：122-131.

王嘉懿，崔娜娜．“资源诅咒”效应及传导机制研究——以中国中部36个资源型城市为例［J］．北京大学学报（自然科学版），2018，54（6）：1259-1266.

王开盛，杜跃平．自然资源、投资与经济增长［J］．未来与发展，2010（7）：20-23+12.

王丽萍．物流业碳排放与能源消耗、经济增长关系的实证研究——以河南省为例［J］．系统科学学报，2017（2）：112-116.

王宇奇，万文天．绿色发展导向下的区域环境规制决策模型［J］．系统工程，2020（1）：14-25.

王兆峰，赵松松．长江中游城市群旅游资源环境承载力与国土空间功能空间一致性研究［J］．长江流域资源与环境，2021（5）：1027-1039.

王智辉．自然资源禀赋与经济增长的悖论研究［D］．沈阳：吉林大学，2008：23-30.

威廉·配第．赋税论：献给英明人士货币略论［M］．陈冬野等译，北京：商务印书馆，1978.

卫平，余奕杉．产业结构变迁对城市经济效率的影响——以中国285个城市为例［J］．城市问题，2018（11）：4-11.

文书洋，林则夫，刘锡良．绿色金融与经济增长质量：带有资源环境约束的一般均衡模型构建与实证检验［J］．中国管理科学，2022，30（3）：1-11.

武建新，胡建辉．环境规制、产业结构调整与绿色经济增长——基于中国省级面板数据的实证检验［J］．经济问题探索，2018（3）：7-17.

希尔曼．经济发展战略［M］．北京：经济科学出版社，1991.

筱原三代平．产业结构与投资分配［J］．一桥大学经济研究，1957（4）：46-53.

肖兴志，彭宜钟，李少林．中国最优产业结构：理论模型与定量测算［J］．经济学（季刊），2013，12（1）：135-162.

谢品杰，穆卓文．中国省际能源尾效及其影响因素［J］．资源科学，2019（5）：847-859.

谢森炜，郭凤芝．省域绿色生态发展水平的测度与评价［J］．统计与决策，2019（20）：50-53.

谢书玲，王铮，薛俊波．中国经济发展中水土资源的“增长尾效”［J］．管理世界，2005（7）：22-25+54.

谢婷婷，高丽丽，张晓丽．绿色金融改革创新试验区绿色金融发展效率及影响因素研究——基于DEA-Tobit模型的分析［J］．新疆农垦经济，2019（12）：64-72.

徐家鹏．中国农业能源消耗与CO_2排放：趋势及减排路径——基于Holt-Winter无季节性模型和“十三五”的预测［J］．生态经济，2016（2）：122-126.

徐康宁，韩剑．中国区域经济的“资源诅咒”效应：地区差距的另一种解释［J］. 经济学家，2005（6）：97-103.

徐康宁，王剑．自然资源丰裕程度与经济发展水平关系的研究［J］. 经济研究，2006（1）：78-89.

徐林，黄念兵．资源诅咒还是制度诅咒［J］. 中共四川省委党校学报，2010（3）：2-5.

徐小鹰，陈忞．资源环境约束下中国经济增长效率及其影响因素的空间效应分析［J］. 贵州财经大学学报，2021，（3）：25-34.

许尔琪，李婧昕．于旱区水资源约束下的生态退耕空间优化及权衡分析——以奇台县为例［J］. 地理研究，2021，40（3）：627-642.

薛俊波，赵梦真，朱艳鑫．增长"尾效"、要素贡献率及资源冗余——基于农业的分析［J］. 技术经济，2017，36（11）：62-71.

亚当·斯密．国民财富的性质和原因的研究［M］. 郭大力，王亚南译，北京：商务印书馆，1972：32-335.

严翔，成长春，秦腾等．长江经济带生态与能源约束对科技创新的增长阻尼效应研究［J］. 经济问题探索，2018（11）：171-178.

杨红瑞．生态文明视角下资源型城市产业结构转型升级研究——评《资源环境约束与区域产业结构升级》［J］. 商业经济研究，2021（4）：193.

杨恺钧，唐玲玲，陆云磊. 经济增长、国际贸易与环境污染的关系研究［J］. 统计与决策，2017（7）：134-138.

杨莉，余倩倩，张雪磊．江苏沿江城市工业绿色发展评价与转型升级路径研究［J］. 江苏社会科学，2019（6）：249-256+260.

杨莉莉，邵帅，曹建华．资源产业依赖对中国省域经济增长的影响及其传导机制研究——基于空间面板模型的实证考察［J］. 财经研究，2014，40（3）：4-16.

杨莉莉，邵帅．人力资本流动与资源诅咒效应：如何实现资源型区域的可持续增长［J］. 财经研究，2014，40（11）：44-60.

于斌斌，苏宜梅．产业结构调整对土地利用效率的影响及溢出效应研究——基于 PSDM 模型和 PTR 模型的实证分析［J］. 中国土地科学，2020（11）：57-66.

于斌斌．产业结构调整与生产率提升的经济增长效应——基于中国城市动态空间面板模型的分析［J］．中国工业经济，2015（12）：83-98.

喻登科，解佩佩，高翔．“双碳”目标下产业结构优化对区域绿色发展的影响研究［J］．创新科技，2022，22（9）：50-59.

于伟，张鹏．城市化进程、空间溢出与绿色经济效率增长——基于2002-2012年省域单元的空间计量研究［J］．经济问题探索，2016（1）：77-82.

余利丰．资源环境约束下我国经济增长的源泉与动力研究［J］．江汉学术，2019（2）：83-91.

余泳泽，刘冉，杨晓章．我国产业结构升级对全要素生产率的影响研究［J］．产经评论，2016（4）：45-58.

余泳泽，潘妍．中国经济高速增长与服务业结构升级滞后并存之谜——基于地方经济增长目标约束视角的解释［J］．经济研究，2019，54（3）：150-165.

曾起艳，曾寅初，王振华．全要素生产率提升中“结构红利假说”的非线性检验——基于285个城市面板数据的双门限回归分析［J］．经济与管理研究，2018（9）：29-40.

查建平，李志勇．资源环境约束下的中国经济增长模式及影响因素［J］．山西财经大学学报，2017（6）：1-14.

张军．中国经济的长期增长趋势［N］．社会科学报，2015-12-10（2）.

张军，吴桂荣，张吉鹏．中国省际物质资本存量估算：1952～2000［J］．经济研究，2004（10）：35-44.

张乃明，张丽，赵宏等．农业绿色发展评价指标体系的构建与应用［J］．生态经济，2018（11）：21-24+46.

张抒，梦董虹．美国经济增长、二氧化碳排放及能源消耗的动态关系研究［J］．山西财经大学学报，2016（S2）：1-7+10.

张素庸，汪传旭，任阳军．生产性服务业集聚对绿色全要素生产率的空间溢出效应［J］．软科学，2019（11）：11-15+21.

张小平．碳平衡分区方法在桓台县域低碳空间规划中的应用［J］．工业建筑，2021，51（4）：12-19.

张勇．我国绿色经济效率影响因素研究——基于偏正态面板数据模型［D］．杭州：杭州电子科技大学，2018.

张诏友．新型国际关系视域下“一带一路”合作机制研究［J］．中国外资，2021（2）：5-6.

张治栋，秦淑悦．环境规制、产业结构调整对绿色发展的空间效应——基于长江经济带城市的实证研究［J］．现代经济探讨，2018（11）：79-86.

赵蔡晶，吴柏钧，吴玉鸣．土地资源对长三角都市圈城市经济增长尾效研究［J］．生态经济，2018，34（10）：81-85+140.

赵伟伟，白永秀．资源开发过程中腐败的发生及制度影响［J］．资源科学，2020，42（2）：251-261.

赵新宇，万宇佳．产业结构变迁与区域经济增长——基于东北地区1994—2015年城市数据的实证研究［J］．求是学刊，2018（6）：61-69.

赵雪雁，赵海莉．干旱区内陆河流域产业结构效益分析——以黑河流域中游张掖市为例［J］．西北师范大学学报（自然科学版），2007（1）：91-94.

中国科学院可持续发展战略研究组．2006中国可持续发展战略报告——建设资源节约型和环境友好型社会［M］．北京：科学出版社，2006.

中国科学院可持续发展战略研究组．2010中国可持续发展战略报告：绿色发展与创新［M］．科学出版社，2010.

郑婷婷．资源诅咒、产业结构与绿色经济增长研究［D］．北京：北京邮电大学，2019.

朱风慧，刘立峰．我国产业结构升级与经济高质量发展——基于地级及以上城市经验数据［J］．云南财经大学学报，2020（6）：42-53.

Aldave，I.，Garcia-Penalosa，C.，Education，corruption and the natural resource［R］．Peru：Working Papers from Banco Central de Reserve Del Peru，2009：5.

Auty, R. M., Sustaining development in mineral economies: The resource curse thesis [M]. London: Routledge, 1993.

Ayala-Carcedo, F. J., A risk analysis and sustainability approach to natural disaster assessment and mitigation philosophy in the world [J]. Natural Disasters and Sustainable Development, 2005: 271-295.

Barbier, E., The policy challenges for green economy and sustainable economic development [J]. Natural Resources Forum, 2011, 35 (3): 233-245.

Barro, R., & Sala-i-Martin, X., Economic growth [M]. MIT Press, 1995.

Birdsall, N., Pinckney, T., and Sabot, R., Natural resources, human capital and growth [J]. Resource Abundance and Economic Growth, 2001.

Bosworth, B., Collins, S. M., Accounting for growth: Comparing China and India [J]. Journal of Economic Perspectives, 2008 (1): 45-66.

Brock, W. A., and Taylor, M. S., The green Solow model [J]. Journal of Economic Growth, 2010, 15 (2): 127-153.

Chambers, R. G., Chung, Y., Färe, R., Benefit and distance functions [J]. Journal of Economic Theory, 1996, 70 (2): 407-419.

Cropper, M. L., Oates, W., Environmental economics: A survey [J]. Journal of Economic Literature, 1992 (30): 675-740.

Daly, H. E., Cobb, J. B., For the common good: Redirecting the economy toward community, the environment and a sustainable future. Appendix: The index of sustainable economic welfare [M]. Boston: Beacon Press, 1989 (482): 401-455.

D'Amato, D., Droste, N., Allen, B., et al. Green, circular, bio economy: A comparative analysis of sustainability avenues [J]. Journal of Cleaner Production, 2017, 168: 716-734.

De Vries, G. J., Erumban, A. A., Timmer, M. P., Deconstructing the BRICs: Structural transformation and aggregate productivity growth [J]. Journal of Comparative Economics, 2012 (2): 211-227.

Fagerberg, J., Technological progress, structural change and productivity growth: A comparative [J]. Study Structural Change and Economic Dynamics, 2000 (4): 393-411.

Färe, R., Grosskopf, S., Love ll, C. A. K., Pasurka, C., Multilateral productivity comparisons when some outputs are undesirable: A nonparametric approach [J]. The Review of Economics and Statistics, 1989, 71 (2): 90-98.

Feichtinger, G., Hartl, R. F., Kort, P. M., et al., Environmental policy, the porter hypothesis and the composition of capital: Effects of learning and technological progress [J]. Journal of Environmental Economics and Management, 2005 (50): 434-446.

Giddings, B., Hopwood, B., O'Brien, G., Environment, economy and society: Fitting them together into sustainable development [J]. Sustainable Development, 2002 (4): 187-196.

Grimaud, A., Rouge, L., Non-renewable resources and growth with vertical innovations: Optimum, equilibrium and economic policies [J]. Journal of Environmental Economics and Management, 2003 (4): 433-453.

Grossman, G. M., Krueger, A. B., Economic growth and the environment [J]. The Quarterly Journal of Econnomics, 1995, 110 (2): 353-377.

Gylfason, T., Natural resources and economic growth: What is the connection [J]. Social Science Electronic Publishing, 2001a (8): 48-66.

Gylfason, T., Natural resources, education and economic development [J]. European Economic Review, 2001b (45): 847-859.

Gylfason, T., Zoega, G., Natural resources and economic growth: The role of investment [J]. The World Economy, 2006, 29 (8): 1091-1115.

Hansen, B. E., Threshold effects in non-dynamic panels: Estimation testing and inference [J]. Journal of Econometrics, 1993 (93): 345-368.

Hayes, A. F., Introduction to mediation, moderation, and conditional process analysis: A regression-based approach [M]. New York: Guilford Press, 2013.

Homer-Dixon, T., The ingenuity gap: How can we solve the problems of the future? [M]. Knopf, 2000.

Iwata, H., Okada, K., Samreth, S., Empirical study on the environmental Kuznets curve for CO_2 in France: The role of nuclear energy [J]. Energy Policy, 2010, 38 (8): 4057-4063.

Jaffe, A. B., Palmer, K., Environmental regulation and innovation: A panel date study [J]. Review of Economics and Statistics, 1997 (79): 610-619.

Joost, P., Methner, A., Phylogenetic analysis of 277 human G-protein-coupled receptors as a tool for the prediction of orphan receptor ligands [J]. Genome Biology. 2002, 3 (11).

Kahn, M. E., A household level environmental Kuznets curve [J]. Economics Letters, 1998, 59 (2): 269-273.

Krueger, A. O., The political economy of the rent-seeking society [J]. The American Economic Review, 1974, 64 (3): 291-303.

Lucas, R. E., On the mechanics of economic development [J]. Journal of Monetary Economics, .1988, 22 (1): 3-42.

Luenberger, D. G., New optimality principles for economic efficiency and equilibrium [J] . Journal of Optimization Theory and Applications, 1992, 75 (2): 221-264.

Markandya, A., Barbier, E., A new blueprint for a green economy [M]. Routledge: Earthscan, 1989.

Meadows, D. H., et al., The limits to growth: A report to the club of Rome [M]. Universe Books, 1972.

Mourgeon, Y., Resource efficiency and economic growth: The role of environmental protection [J]. Ecological Economics, 2001, 39 (1): 1-13.

Moradbeigi, M., Law, S. H., Growth volatility and resource curse: Does financial development dampen the oil shocks [J]. Resources Policy, 2016

(48): 97-103.

Nordhaus, W. D., Boyer, J. Warming the world: Economic models of global warming [M]. MIT Press, 1992.

Murshed, S. M., When do natural resource abundance lead to a resource curse [N]. Discussion Papers, 2004.

Neary, J. P., Corden, W. M., Booming sector and de-industrialization in a small open economy [J]. The Economic Journal, 1982 (368): 825-848.

Nhamo, G., From sustainable development through green growth to sustainable development plus [J]. International Journal of African Renaissance Studies-Multi-, Inter-and Transdisciplinarity, 2014 (9): 20-38.

Nordhaus, W. D., Stavins, R. N., Weitzman, M. L., Lethal model 2: The limits to growth revisited [J]. Brookings Papers on Economic Activity, 1992 (2): 1-59.

OECD. Towards green growth [R]. OECD meeting of the council, 2011: 3-20.

Papyrakis, E., Gerlagh, R., Natural resources, innovation, and growth [J]. SSRN Electronic Journal, 2004a (10): 1-39.

Papyrakis, E., Gerlagh, R., The resource curse hypothesis and its transmission channels [J]. Journal of Comparative Economics, 2004b (1): 1-193.

Papyrakis, E., Gerlagh, R., Resource windfalls, investment, and long-term income [J]. Resources Policy, 2006 (2): 117-128.

Pastor, J. T., Asmild, M., Lovell, C. A. K., The biennial malmquist productivity change index [J]. Socio-Economic Planning Sciences, 2011 (1): 10-15.

Paynter, I., Genest, D., Saenz, E., et al., Quality assessment of terrestrial laser scanner ecosystem observations using pulse trajectories [J]. IEEE Transactions on Geoscience & Remote Sensing, 2018 (99): 1-10.

Peneder, M., Industrial structure and aggregate growth [J]. Structural

Change and Economics Dynamics, 2003 (4): 427-448.

Porter, M., Van der Linde, C., Toward a new conception of the environment-competitiveness relationship [J]. Journal of Economic Perspective, 1995 (9): 97-118.

Romer, D., Advanced macroeconomics, second edition [M]. Shanghai: University of Finance & Economics Press: The McGraw-Hill Companies, 2001.

Romer, P. M., Increasing returns and long-run growth [J]. Journal of Political Economy, 1986, 94 (5): 1002-1037.

Sachs, J. D., Warner, A. M., The curse of natural resources [J]. European Economic Review, 2001 (4): 827-838.

Schou, P., Polluting non-renewable resources and growth [J]. Environmental and Resource Economics, 2000 (2): 211-227.

Solow, R. M., Technical change and the aggregate production function [J]. Review of Economics and Statistics, 1987, 60 (3): 312-320.

Stern, N. H., The economics of climate change: Stern review [M]. World Bank, 2006.

Sueyoshi, T., DEA-Discriminant analysis: Methodological comparison among eight discriminant analysis approaches [J]. European Journal of Operational Research, 2006 (2): 247-272.

Sala-i-Martin, X., Subramanian, A., Addressing the natural resource curse: An illustration from nigeria [J]. Journal of African Economies, 2013 (4): 570-615.

Theil, H., & Henri, B., Applied economic forecasting [M]. North-Holland Publishing Company, 1967.

UNEP. UNEP 2011 annual report [R]. 2011.

United Nations Economic and Social Commission for Asia and Pacific (UNESCAP). The state of the environment in Asia and the Pacific 2005 [EB/OL]. 2005: 1-4.

Vogtländer, J. G., Brezet, H. C., Hendriks, C. F., The virtual eco-costs' 99 a single LCA-based indicator for sustainability and the eco-costs-value ratio (EVR) model for economic allocation [J]. International Journal of Life Cycle Assessment, 2001 (6): 157-166.

Wackernagel, M., Rees, W. E., Our ecological footprint: Reducing human impact on the earth [M]. New Society Press, 1996.

Wang, M. X., Zhao, H. H., Cui, J. X., et al., Evaluating green development level of nine cities within the Pearl River Delta, China [J]. Journal of Cleaner Production, 2018 (174): 315-323.

Zhou, P., Ang, B. W., Wang, H., Energy and CO_2 emission performance in electricity generation: A non-radial directional distance function approach [J]. European Journal of Operational Research, 2012 (3): 625-635.

图书在版编目（CIP）数据

生态约束、产业结构与绿色增长：基于欠发达地区的研究 / 俞达佳著．--北京：社会科学文献出版社，2024.4（2025.9 重印）

ISBN 978-7-5228-3107-7

Ⅰ．①生… Ⅱ．①俞… Ⅲ．①产业发展-生态化-研究-中国 Ⅳ．①F124

中国国家版本馆 CIP 数据核字（2024）第 019217 号

生态约束、产业结构与绿色增长

——基于欠发达地区的研究

著　　者 / 俞达佳

出 版 人 / 冀祥德
责任编辑 / 冯咏梅
文稿编辑 / 王红平
责任印制 / 岳　阳

出　　版 / 社会科学文献出版社 · 经济与管理分社（010）59367226
地址：北京市北三环中路甲 29 号院华龙大厦　邮编：100029
网址：www.ssap.com.cn
发　　行 / 社会科学文献出版社（010）59367028
印　　装 / 北京盛通印刷股份有限公司

规　　格 / 开 本：787mm×1092mm　1/16
印 张：14　字 数：188 千字
版　　次 / 2024 年 4 月第 1 版　2025 年 9 月第 2 次印刷
书　　号 / ISBN 978-7-5228-3107-7
定　　价 / 128.00 元

读者服务电话：4008918866